JN220859

自己啓発本を探しているあなたへ

# 一瞬で心に火を点ける88のマジックフレーズ

中山マコト 著

コミニケ出版

# はじめに

あなたが知っていることに、本書の内容を「ちょい足し」してみてください。

人は「知っていること」の範囲でしか物事を考えることはできません。

知らないことは思いつかないし、発想できないんです。

が、実は人生というのは、いつも、『知らないこと』を考えないといけないものです。

新しい発想、新しい工夫、新しいチャレンジ。

常に求められるものは、新しいモノ。

つまりは、ＮＥＷです。

ＮＥＷを求められているのに、知っていることの中だけで考えても、まったく意味がありません。

だからこそ、「新しいモノ」＝知らなかったことを取り入れ、『知っていることと融合させる』ことによって、まったく新しい価値が生まれます。

その新しい価値が生まれる瞬間を、楽しんでほしいのです。

そのために、本書は生まれました。

あなたが知らないことと、他の誰かが知っていることを掛け合わせ、『新しい価値』を生み出してもらうために書かれた本です。

新しいことは、ある意味、無理やり取り入れないと入ってはこないものです。

意識して、積極的に仕入れないと手には入りません。

その〝仕入れ先〟として、本書を使ってほしいのです。

きっと、あなたが思う以上の、価値ある仕入れができると思います。

あなたが知っていることに、本書の中身をちょい足しして、新たな価値をたくさん生み出してください。

# 目次

# 第1章　心に迷いがある時に読むマジックフレーズ

01

**たくさんの言葉を持っていると、**
**自分の思うことを**
**充分に伝えられます。**
**たくさんの言葉を持っていると**
**相手の考えることを**
**正確に理解出来ます。**

『生きっぱなしの記』 阿久悠 著 日本経済新聞社

ひょっとすると、今の私に一番影響を与えたかもしれない人、阿久悠さん。

彼の言葉の中でもこれは至言です。

ほんの小さなニュアンスの異なりが争いを呼ぶことがあります。ほんの少し、いつもとは違った言葉の選び方で、大事なことが伝わることがあります。

言葉というのは、ビジネスにも、そして何より、人生にとっても最高の武器なんですよ。

言葉とか文章を駆使するのはどうしても面倒。そう考えがちです。だから定型文に走り、常套句を口にしてしまう。でもそれでは伝わらないどころか、地雷を踏んでしまうことすらあります。

**言葉を選び、吟味するということは、結局、相手への配慮。**

分かりやすく、ぴったり相応しい言葉を選ぶというのは、実は親切であり配慮なんです。

だから言葉をたくさん持っている人は信頼され、信用されます。

あなたはどうですか？

必要なことを伝えるに足る言葉の仕入れ……、していますか？

02

**なくしたものを嘆くより、手の中にまだ残っているものを慈しむ気持ちを大切にしたいと思っているわ。**

『出張料亭おりおり堂』 安田依央 著 中公文庫

以前はできたことができなくなるなど、明らかに年を取ったことを実感することってありますよね。

でも、人ってサイボーグではないんです。

衰えて当たり前。

だからなくしたモノを惜しむよりも、今、目の前にあるモノをとことん大切にする。

その中から、**今に対するありがたみ、生きていることに対する感謝が生まれてくる**のではないかな？

と思うんです。

03

**話す言葉ひとつひとつに意味をもたせ、粒ぞろいの言葉を使うこと。話していることに内容がないとわかるやいなや、人はそれから先を聞こうとはしない。**

『買いたい心に火をつけろ!』ハリーベックウィス著　ダイヤモンド社

言葉は吟味されるためにあるのです。

同じような場面でも、微妙な違いによって、使うべき言葉は違ってきます。場を制する言葉は必ず違う。だからこそ、徹底した〝伝えることへのこだわり〟が必要になるんです。

「混乱する脳はＮＯと言う！」という有名な言葉があります。コピーライティングの世界ではよく知られている言葉で、どんなにスラスラと気持ちよく読んでいても、たった一カ所引っかかる場所があると「もういい！」とそこで全てを辞めてしまう。

脳がＮＯということなんですね。

人との会話、対話もまさにそうです。理解してほしい、伝えたい！　その思いから始めるのが会話、対話の訳ですから、できうる限り、**相手のことを考え、自分に寄った専門用語を使わず、ゆっくりと相手の表情、反応を見ながら進める。**それが重要です。

これをしないと、「あ、この人は理解させようとしてないな！　一方的だな！」と見抜かれてしまい、その先の展開に対する関心を失ってしまいます。

一度失われた関心は絶対に戻ってきません。消えたモノは戻らないのです。そのためにこそ、伝えるための道具としての言葉をいつも仕入れておかなければいけないんですね。

04

# 順番を何よりも大事にしよう！

中山語録

例えば会議や打ち合わせ。大事な電話がかかってくる予定があり、会議中でも出なければいけない場合。黙ってそうすれば、「失礼なヤツ！　もう会議には出なくてもいい！」と怒られちゃったりします。

でも、事前に、「どうしても出なければいけない電話がかかってくる可能性があるので、失礼ながら出させてください！」と言っておけば、しっかりしたヤツと思われる。

お腹いっぱいで、でも、有名な地方のラーメン屋に入る場合。夕飯の後では全部は食べきれない。でも、事前に、「夕飯は食べたけど、でもどうしても味わいたくて来ました。残す可能性大きいけど、ごめんなさい！」と言っておけば、嬉しい客になる。

そんなもんです。

順番を間違うことの2大要因は、「言い訳」と「自分都合」だと思います。

要は、**相手の、周囲の人の気持ちを慮《おもんぱか》って**いないということ。そこを考えれば、順番は簡単に是正することができます。

05

# お客様が「二度、驚く」。
# それを「感動」と言う。

『言葉ひとつで「儲け」は１０倍！』岩波貴士著　青春出版社

この本には、次のような例が挙げられています。

「実は俺さ、先月とうとうパパになったんだよ」

「エッ？　おまえ、子供生まれたのか。おめでとう！」

「で、男の子、女の子、どっち？」

「ああ、両方だよ」

そう、一度驚くだけなら、気持ちの動きは軽いジャブ程度かもしれません。ですが、そこに追い打ちをかけるように、新たな驚きが被さってくるとその驚きは「感動」に変わるんです。ある意味、一度驚いた心の揺れで生じた油断の隙間を襲う、二度目の驚きという感じでしょうか？　セールストーク、普段のやりとり、メールでのやりとり、誰かに伝えたい言葉……。**意識して、二度驚かせることをやると相手へのインパクトは桁違いに大きなモノになります。**

最近耳にした例では、「串カツ田中は店内で、子供が自分でソフトクリーム作れるんだよ」と伝え、更に、「小学生以下はタダなんだよ！」とダメを押すと、すごい感動しますよね？　そんな使い方です。二度重ねると、効果は果てしなく増加します。

あなたもこの〝二段重ね作戦〟、使ってみてください。

06

# THANK YOUではなく、GOOD CHOICE。

中山語録

私たちがビジネスにおいて受け取る感謝の言葉は〝サンキュー〟ではなく、〝グッドチョイス〟であるべきです。仕事を依頼してくれたクライアントに対し、「ありがとうございました！」と言う。その時、「ひょっとしたら、ありがたいのは自分だけなんじゃないのか？」「本当に喜んでくれているのだろうか？」と考える謙虚さが必要です。

本当に心を込めて仕事をし、自信を持ったアウトプットを提供する。それは当然として、数多いライバルや同業者の中から、あえて自分を選んでくれたことに対するお礼に、〝グッドチョイス〟と言えるように、日々自分の能力を磨きましょう。

**クライアントのために、やるべきことを全てやりきっている！　その自信があるならば、かける言葉は〝グッドチョイス！〟**。よく自分を選んでくれたね。自慢の商品を選んでくれたね。眼はそこに向くはずなんですよね。

私はよくお店で商品を買います。でも、思っていた商品の品揃えがなかったり、価格面で不満があったりすることも多々あります。ですが、レジでかけられる言葉は、全部「ありがとうございました！」です。「僕はありがたくはないんだけど。ありがたいのはあなたたちだけじゃないの？」と思ってしまうことがあります。

ですから、グッドチョイスといえる土台作りが必要だと思うんですよ。

07

# 販促とは、商品を売ることではない！
# 人の心を動かすことだ。

中山語録

人にお金を使っていただくことができると、売り上げになります。仕事を依頼する気持ちになっていただきさえすれば、それでＯＫなんです。

販売促進とはそう、お金を使いたい気持ち、依頼したい気持ちを起こしていただくことです。が、ではどんな時、人はお金を使うのか？

それは心が動いた時。

**心を動かされた反応・反動として人はお金を使う**のです。心を動かすことができれば、その方法を知ってさえいれば、商品やサービスを売るのは決して難しいことではない。販促とはそういうことです。

仕事が少ないから、声がかからないから、と焦って売り込みに走ることはやめましょう。売り込みは百害あって一利なしです。

そうではなくて、先ずは関係を築くこと。相手が求めていることをやってあげる。相手が困っていることを解決してあげる。あるいは、相手の問題を解決できる人を紹介する。色々な関係の作り方がありますが、基本は、相手目線です。

売り込みばかりを考えている人に、この相手目線は決して身に付きません。

## 心に迷いがある時に……

「自分の力でここまで来られた！」というような発言をする人が時々いますが、あれはまったく違うと私は思うんです。

誰一人、自分のチカラだけで生きていける人はいないし、誰一人として誰かの力を借りずに生きていける人はいません。

それが真実です。

ですから、うまくいこうといくまいと、必ず自分からは見えない場所で、あなたにとって力を貸してくれている人に思いを馳せてほしいんです。

そもそも、人は親から生まれるわけで、その時点で自力という概念からは外れています。ましてや食事をしないと死んでしまうし、誰かが作ってくれた道路がなければ移動すらできない。

成功のために身に付けた知識もそもそも、誰かが見つけたモノ。

他力を借りずに何かを成すということはあり得ないのです。

だからこそ、「この成功は誰のおかげだろう！」とまずは考える。

何があったから、見えない場所で誰かが力を貸してくれたから今がある。そう考えると人にやさしくなれると思うんですよ。次にその恩を返す、送る。そうありたいものです。

# 第2章　勇気が欲しい時に読むマジックフレーズ

08

世間の『正しさ』になんてなんの意味も無いんだよ。傍観者の多数決によって決められる『正義』になんて、犬の糞ほどの価値もない。

『リアルフェイス』知念実希人 著 実業之日本社文庫

付和雷同という言葉があります。

社会心理学では、同調効果という心理の動きがあり、例えば女子会で自分の好きな男優を他のみんながブサイクだと言っていたら、その場だけでは賛同したりする状態です。

こうした『大多数＝正解』という考えや、人間関係を崩さないため、自分が間違っていたら嫌だから等の理由で、人間は多くの場面で大多数に同調しています。

ですが、そうした大勢は基本的に当事者ではない場合が多いです。

そもそも正しいなんて誰が決めるのでしょうか？　どこにその基準があるんでしょうか？　そう考えると世の中でいわれている正義とか常識なんていうのが、いかに曖昧で危うい過ぎる砂の上に立つ楼閣だとも思えます。

**「だれが言ってるんだ、それ」というつもりで全てに立ち向かってみる**ことが重要だと思うんですよ。

09

**逃げることは、悪いことじゃない。それは心持ち次第で、旅立つことと、ほとんど同義にできるんじゃないかと思うんです。**

『水沢文具店』安澄加奈　著　ポプラ文庫ピュアフル

一見、逃げているように見えるかもしれない場面があります。後ろ向きに走り出すこともあるかもしれません。

でもそれはひょっとしたら、その苦難を乗り越えるための試行錯誤の一つかもしれません。後ろにこそ活路が開けることもあるでしょう。逃げるふりをして、実は次の、もっと効率的・効果的な一手を考えているのかもしれません。

逃げている様に見えて、実は攻めている。

こういうことって、球技とか格闘技ではよくあること。延々と続くラリーに結局相手が根負けして力尽きるなんていうこともあるでしょう。ちゃんと**意志を持って、戦略を持っての「逃げ」ならば決して恥じることはない**のです。

そこに攻めの意志があれば、必ず花開くのですから。

10

**人生は短いので、胸に秘めているだけでは**
**後悔します。**

『エウレカの確率　経済学捜査員　伏見真守』石川智健　著　講談社

「言わないことは聞こえない！」という私の大好きな言葉があります。言ったつもりでも、意図通りに、願った通りに相手に届かなければそれは言わなかったのと同じだし、なかったことです。

だからこそ私たちは、伝える努力をしなければいけない。

「言ったつもり！　伝えたつもり！」ではなく、「ちゃんと伝わったか？　相手はどう受け止めたか？　そしてそれをどう行動に移しているか？」というところまでフォローして初めて、言ったことになるんです。

胸に願っているだけでは、何も伝わりません。できるだけ分かりやすく、伝わりやすく……。そんなつもりで周囲と関わってみてください。

**言っていいんだ！　言わなきゃダメなんだ！　その勇気を持てた時、あなたの人生がぐんと変わる**でしょう。

11

「ダイヤモンドを研磨するには、ダイヤモンドを使うことを知ってるな。それでは人間は何で磨かれるのか。秋沢わかるか」（中略）「人間は人間で磨かれる。いや、人間は人間でしか磨かれない。売り場に立つ人は、毎日お客さまと接することで厳しく磨かれていっている。現場が販売員を鍛えている」

『そのお客様をつなぎ止めろ！―特命プロジェクト一〇〇〇日の闘い』服部隆幸 著　ダイヤモンド社

「人は人でしか磨かれない」という言葉があります。まさにその通り！　と手を打ってしまいます。

ですが、実際にはどうか？　といえば、結構、現場＝人との接点を嫌がるというか、怖がる人って多いです。自分に足りない部分、自分の弱い部分が露呈してしまう恐怖があるのでしょうかね？　ですが、そこを逃げてしまうと、大きな財産を手放してしまうことになるのです。

「答えは現場にあり、現場こそがヒントの宝庫」なのです。

自分よりも弱い、柔らかいものでは自分は磨かれません。

自分よりも上、自分よりも硬い、そんな相手だからこそ自分も磨かれる。

格闘技とか対戦型のスポーツを考えれば簡単に分かりますが、自分よりも弱い相手との稽古はさほど意味はありません。だからこそ、**硬いダイヤモンドのたくさんある場所に飛び込んでみるべき**なのですよ。

12

**戦おうとするだけでは味方は出来ない！**
**戦っている人間にだけ味方は出来るのだ！**

『事件屋』　今野敏　著　光風社出版

「戦おうとする＝まだやっていない！」ということです。

やるつもりです！　考えています！　計画が、予定があります！　これは全て、要約すると、「まだやってません！」が言葉を変えただけのものです。みんな、「つもり」「つもり」「やりたい」「やりたい」です。成果の上がらない人の会話に一番多く登場するのがこの「つもり」と「やりたい」という言葉ではないでしょうか？

戦おうとすることは誰にでもできる。でも、**実際に戦うというのは簡単ではないし、失う恐怖もあるし、覚悟も必要。だからこそ、実際に戦っている人にだけ味方ができる**んだと思います。

言うだけの、でも実行には移さない、いわば狼少年のような人、多いです。私はそういう人のことを、〝言うだけ星人〟と呼んでいます。言うだけ星人と認定されてしまうと、大事な依頼は、まず来なくなります。それどころか、誰も重要な話をしてくれなくなります。「どうせ言っても仕方ないからな」と感じるからです。これを脱却するにはたった一つ。

言ったことを実行に移し、カタチにすること。言う＝入り口。実行・カタチ＝出口。

この２つがセットになって、実は〝言う〟という意味なんですね。

13

シンガポールで羽ばたいた蝶が、ノースカロライナのハリケーンを引き起こす事があり得るのか？
（バタフライ効果）

エドワード・ロレンツの言葉

１９６３年、気象学者のエドワード・ロレンツは驚くべき仮説を発表しました。

それまで数十年の間、人々は世界の気象現象を一つの巨大な機構のようなものととらえ、その中で、様々な現象が調和を取りながら発生していると考えていました。つまり大きな原因は大きな結果をもたらし、小さな原因は小さな結果をもたらすと考えられてきたのです。ロレンツはこの説に疑問を投げかけました。ロレンツを悩ませた疑問は風変わりではあるものの単純でした。「シンガポールで羽ばたいた蝶が、ノースカロライナのハリケーンを引き起こす事があり得るのか？」というものです。

研究を重ねたあげく、ロレンツはこの問いにイエスの答えを出しました。

ロレンツの仮説は「バタフライ効果」と呼ばれ、予測の不確実性に関する研究結果としては、過去30年における代表的なものの一つとなっています。

天候はマーケティングの企画と同じく、ちょっとした原因が大変な結果を引き起こすものなのです。**あなたの小さな小さな羽ばたきが、大きな大きなハリケーンを起こす可能性はいつもある**んです。

「どうせ大した仕事ではない！」と、羽ばたくことを止めてしまっては、一切の活路は閉ざされてしまいます。羽ばたきましょう。ロレンツの言葉、バタフライ効果を信じて、羽ばたき続けてください。

**14**

**願うだけでは何も起こらない。食物が欲しいと望むだけでは、だれも与えてはくれない。人は、願いながら田畑を耕さなければならないのだ。**

『警視庁心理捜査官』黒崎視音 著 徳間書店

神頼みという言葉があります。人は自分の都合のよい時だけ、神様に頼る性質がありま す。それはそれでよいとして、どうせ神様に頼むなら、頼むなりの努力というか、誠意の見せ方があると思うし、そうでなければ神様もご機嫌斜めだと思うんですよ。で、その誠意というのが私は〝努力〟だと思うんです。

何もしないで単に願うだけではなく、願うに足るだけのやる気とか熱を見せなければいけない。

**地道でも、報われにくいものでも何でもよいから、きちんと誠意を見せる。**そんな人のところにだけ、神様は何かを与えてくれるのだし、見ていてくれるのだと思うんですよ。

15

**プロモーションは、先がどうなるかわからないところも、面白さの醍醐味だったりするのよ。だから、こういう不安な時期も楽しむ気持ちを忘れちゃダメよ。**

『「仕事ができない」「容姿もさえない」「彼女いない歴＝年齢」の男性に一ヶ月で彼女を作ってください。』
竹内謙礼 著　総合法令出版

「これをやって成功するんですか？」という、馬鹿丸出しの発言をする人、多いです。そんな人にこそ、この言葉をかけてあげてください。

前記、「プロモーション」の部分を色々な言葉に置き換えてあげればいいんです。どのやり方が正しくって、どれが間違っているか？　なんて誰にも、もちろん神様にだって分かりません。自信満々に見える人でも、実は内心ドキドキだったり、不安に苛まれていたりするものです。

つまり……結論を言えば、「やってみるしかない」のです。が、この「やってみるしかない」ということを、「失敗したくない」に置き換えちゃってる人、とても多いです。失敗したらどうしよう！　カッコ悪い！　○○さんに叱られたらどうしよう！　そんな妖怪のような実態のない不安に苛まれている人、多すぎます。

どんなすごい実績の持ち主でも最初はシロート。不安におびえながら最初の一歩を踏み出したハズです。**失敗とは成功の一歩手前の出来事であり、成功を手にするには、とにもかくにもやってみることがスタート台。**

スタートを切らなければ記録にも残らないのです。

16

**人よりも情報を多く集めるために、人よりも多く仕事をする。人の2倍の案件を扱えば、単純に考えれば2倍のアイディアの素材を手に入れることができる。**

『プロフェッショナルアイディア。欲しいときに、欲しい企画を生み出す方法。』小沢正光 著 インプレス元博報堂のクリエータ、小沢正光さんの言葉です。

彼は更にこう続けます。「私の経験からいえば、人の3倍の仕事をすれば、その時に市場で必要とされる情報をほぼ網羅できる。そうなればアイディアに死角がなくなる」。

これ、ものすごいというか、すさまじい発想です。

確かに情報は現場に落ちている。現場に行かなければ〝欲しい情報、本当に必要な情報〟には出会えないかもしれない。だからといって、何も人の3倍も働くことはないじゃないか！　そう思うわけです。

彼が言いたかったのは、その位の**熱と思いと行動量を持って仕事に向き合いなさい！**ということなのでしょうね。

情報がなければ、情報が欠けていては正しい判断もできないいし、適正な企画も生まれない。それを骨の髄まで知っていた小沢さんだからこその表現だと思います。

## 勇気が欲しい時に……

自分に自信が持てないことって誰でもあります。

逆に、それが普通で、何でもかんでも根拠のない自信を振りかざす人がいますが、そっちの方がおかしい。

悩んだ時、迷う時、揺れる時、震える時。

そんな時に背中を押してくれるのが、誰かの言葉だったり、誰かの実例だったりします。

人は、言葉を栄養として育っていきます。

本文でもあるように、言葉を組み合わせて考え、判断をするんです。

勇気というのは振り絞った上で、行動に移してこそ意味を持ちます。

心の中でいくら勇気勇気と唱えても、それは意味がない。

だからこそ、言葉の力を借り、行動に結び付けてほしいんです。

かつて誰かが語った一行の、いえ、数行の言葉が人の人生を変えたり、命を救ったりします。

あなたが発した言葉が、巡り巡って誰かの人生を動かしてしまうかもしれない。

人は発した言葉で誰かを動かし、誰かの発した言葉で動かされています。

そのことを自覚し、これらの言葉に触れてみてほしいんですよ。

# 第3章　自信を持ちたい時に読むマジックフレーズ

17

**お客様が来てくださったのは奇跡なのです。**

中山語録

この地球上に人は何十億人といます。店や会社、サービスの場も、およそ無限です。

その中での偶然の出会い。これを奇跡と呼ばず、なんと呼びましょう？

あなたを選んでくださったクライアント。その出会いはまさに奇跡。そう考えれば、おざなりな、ステレオタイプな対応などできようはずもないと思うんです。

一人一人の、それぞれ異なる思いを抱いたクライアントへの、一つ一つ異なる気遣い、異なるサービスが……全てです。

誰かが誰かを選ぶには、必ず相応の理由があります。ビジネスであれ、恋愛であれ、人脈みたいな話であれ……。軽いモノから、重いモノまで、必ず理由がある。それを尊重せずしておつきあいなんておこがましい！　そう思います。

**選ばれた誇りと、選ばれた責任と、そして感謝。**

クライアントとの出会いには、そんな価値があるんです。

18

**人生なんて、区切る時期によってハッピーエンドにもアンハッピーエンドにもなるんですよ。ひたすらそれが続いていくだけだ。**

『水沢文具店』安澄加奈 著 ポプラ文庫ピュアフル

苦しい場面って誰にも必ずありますよね。これはもう、絶対にある。

さて、ここで提案です。生まれてから今日までのあなたの歴史を、きつかった年と楽しかった年に分けてグラフにしてみましょう。すると分かるはずです。きつかった年の翌年は必ずよいことがあったということに。

そうなんです。どんなにきつい時でも、いえ、きつければきついほど、その反動で必ずよいことがおきるんです。

例えば安室奈美恵さんは、どんなにきついことがあっても、普通なら立ち直れないほどのきついことがあっても、必ず復活しました。それも、世の中が予想しているレベルをはるかに超える復活ぶりを果たすんです。それが安室奈美恵のカリスマ力です。

時間はシームレスです。どこがスタートでどこがゴールか？　などという切れ目はありません。

であれば、**自ら区切り方を決めて、楽しいこと、ハッピーなことで終えるように考える**のも一つです。

19

# ゴールは目指すな！　駆け抜けろ！

ゴールは目指さず、駆け抜けましょう！

ゴールは決して終わりの地点ではありません。達すれば必ず、次のゴールが現れるモノです。ゴールにこだわり、そこだけを目標にすると燃え尽きやすいし、なによりもゴールが近づいた時点で減速しないといけなくなってしまいます。それ、おかしいですよね？

ゴールは終わりではありません。通過点と考え、駆け抜ける意識を持つだけで、ゴールはまったく違った価値を持つんです。

空手やボクシングなど、打撃型の競技では、打ち抜くという表現をすることがあります。要は、パンチや突きは、相手のカラダに当たったところが終わりではなく、相手のカラダを打ち抜くように、カラダの向こう側まで抜けるような気持ちで打って初めて、効果が最大化するということなんですね。

ゴールもそれと同じだと思います。**走り抜けるからこそ、トップスピードが維持できる**んです。

駆け抜けるもの……、それがゴールだと思います。

20

野崎、いくら帳簿を見るのが上手くて、一流企業のエリートや政治家との関係を知悉していようが、その裏側のドロドロとした部分を知らなければ、湖に浮かんでいる白鳥だけを眺めているのと同じだ。

『爆裂通貨　警視庁公安部・青山望』濱嘉之　著　文春文庫

表面しか見ない人、多いですよね？

見た目だけですぐに判断してしまう。

でも、その人の本質はパッと見た、見た目だけでは測れないことがほとんど。

例えば、〝今〟だけを見ても、その人の本質は見えず、〝過去〟に遡ってみないと見えてこないものは多いです。

表面の知識だけで物知りのふりをしても、それは一面しか見ていない場合がほとんど。

そこで知ったふりをしても、浅いやつとしか見えません。

それよりも色んな角度から物事をとらえ、多くの本を読んでセカンドオピニオン、サードオピニオンを身に付ける。その中にこそ、バランスの良い知識が醸成され、それによってバランスの取れた判断ができるんです。

**何事も、できるだけ深く掘り下げながら、しかも多角的・多面的にとらえる。**これを心掛けるべきだと思うんですよ。

21

誰でもできることを、誰もできないくらい、
一生懸命やった人が成功するんだ！

中山語録

誰でも、最初から上手になんてできるハズがありません。最初は誰もがシロート。あなたの憧れのあの人も……みんな、最初はシロートだったんです。

そこから雲母が一枚一枚堆積し、大きな岩になっていくように、積み上げてきたから今がある。一足飛びにうまくいくなんていうことはないんです。

だから、あなたには、今すぐにスタートしてほしい。積み上げることの大切さを心に刻んでほしい。ただやろう！　と力むだけではダメ。**凡事徹底！　結局、密度の濃い、地道な努力を続けられた人が強い**んです。

一足飛びのショートカットを狙う人が多すぎます。でもね、それをやって仮に瞬間的にうまくいったような気がしても、それは所詮付け焼き刃。大事なプロセスとか、失敗しそうなポイント、悩むべき分かれ道を通らないままの〝成功もどき〟は、真の地力にはなり得ません。

踏むべきプロセスをキチンと踏む。見るべき現実をしっかりと見る。その中からしか、本当に大事な場面での、適正な判断力など身に付くハズがないんです。

どんなことでも、自分の目で見て、自分の肌で確認する。

それを知っているか？　いないか？　ここが分かれ道です。

22

住友スリーエムでは、すでに五十年前に「失敗をとがめて社員を辞めさせてはいけない」という方針を制度として打ち出し、現在はそれが社是になっています。もし社員が失敗したとしても、その十五％くらいは必ず成功につながるという発想です。

『決定版　失敗学の法則』畑村洋太郎 著　文芸春秋

失敗はマイナス、という風潮があります。が、果たしてそうでしょうか？

かのエジソンは、「私は失敗したことがない。ただ、１万通りの、うまく行かない方法を見つけただけだ」と言い、更に、「私たちの最大の弱点は諦めることにある。成功するのに最も確実な方法は、常にもう一回だけ試してみることだ」とも言っています。

失敗を糧に、大きな成功を手にした例は山ほどあるし、**失敗を恐れるところに新たな可能性の芽は芽生えません。**

失敗に見えても、それは新たな可能性の芽だ。そう信じてあげてほしいし、あなた自身にもそうあってほしいと思います。

23

**仕事に行く前に、ある分野の本を1時間読んで、それを5年続ければ、その分野のエキスパートになるだろう。7年続ければ、その分野の世界レベルに到達できる。**

アール・ナイチンゲールの言葉

まさにその通り！　と手を打ちたくなる言葉です。

もちろんこの言葉の通り、５年とか７年続けなさい！　というのではありません。ですが、**一つのジャンルに拘って、集中的に学ぶことは、スペシャリストへの最短距離です。**正直、同じジャンルの色んな本を読むだけで、多視点が身に付くし、セカンドオピニオンが見えてきます。

そんな色んな情報に触れる中で、バランスの取れた、偏りのない思想が醸成され、適切な意見とか考え方が生まれるようになるんです。

情報とはただ多いだけでもダメです。色んな方向からの、多角的なバランスの取れた総合力が求められます。その意味で、同じジャンルの、しかも異なる人が書いた情報に触れることは、そのバランスを維持する意味でも重要なことです。

ぜひ、試してみてください。

24

**お客さんの投票用紙は「お金」である。お客さんは、価値がないと思う店には、投票しないものだ。**

アール・ナイチンゲールの言葉

これももう、その通り！

あなたへの、世間やクライアントからの投票用紙＝評価は、まさに〝ギャラ〟であり、〝売り上げ〟であり、そこからもたらされる〝利益〟です。

**投票をしてもらうには、〝信頼〟〝期待〟の両輪が兼ね備わっていることが必要です。**

マニフェストがいくら立派でも、実行力が伴っていなければ、逆効果。過去にいくつもの政党がその過ちを犯してきたことはご存じの通りです。

派手なピーアールも結構ですが、でも、実態が伴っていなければ逆効果。目につくキャッチフレーズも、実力が伴っていなければ、一歩間違うと詐欺師呼ばわりされる原因になりかねないんです。

お客さんは敏感です。納得いかないモノに対してはたった一円でも払いません。しかも今はインターネットの時代。調べる気になればいくらでも調べることはできる。よい噂も悪い噂も、ぜんぶネットの中にあるといってよいでしょう。だから選挙民に対し、常日頃から、キチンとした自分を見せておかないといけなんです。

イザという時だけ取り繕っても、所詮はすぐに馬脚を露してしまうんですよ。

25

**部下を信じられへん人は、つい細々と小言言うねん。すると、監督されへんと怠けるモンが育つんや。そうゆうもんやろ。**

『宿屋再生にゃんこ ストーリーで学ぶ最強組織づくり』播摩早苗 著 幻冬舎

**部下を叱ることが上司の役目！　と勘違いしている人、**多いです。叱ってさえいれば部下は働く。そう思い込んでるんですね。

それ、もちろん間違いです。

また細々とした指示ばかりを出す上司の下でも、部下は育ちません。いわゆる、指示待ちになってしまうからです。上司の言うことだけ忠実に、守っておけば及第点！　それ以上の頑張りも向上も、心の中から抜けていきます。

26

**医者は職業だよ。職業というものは自らの能力を金に換えるためのものだ。**

『リアルフェイス』知念実希人　著　実業之日本社文庫

色々なものの見方はあるでしょう。

でも私はやはり、職業とはお金に換わって初めて〝職業〟と呼べるものだと思います。お金に換わるだけの価値があるからこそ、人はその人にお金を支払うのだし、支払いを受けるからこそ、成果を出そうと努力する。

これこそがビジネスのやり取りの基本です。

商売の〝商〟は、商うと書きます。商うとはお金のやり取りが生じること。つまり、商流が生まれることですし、だからこそビジネスが成立する。

やはり**職業として選んだ以上は、そこにいた証というか爪痕を残したい**じゃないですか？　それがまさに〝お金〟だと思うんですよ。

27

# 見積もりは有料で受けろ！

中山語録

見積もりというのは、最終的な〝受注額〟を決める、実に重要な書類です。仕事のエッセンスといってもよい書類です。

で、それを正確に作り上げるには、仕事に対する精緻な知識と、全体を把握する洞察・俯瞰力が必要です。つまり……手間と知恵が不可欠。

そんな大事な見積もりを無料で受けてどうするんですか？

無料を嫌がる相手ならそれは付き合わなくてもいい相手。所詮は自分都合の、本気じゃない相手です。見積もりの重要性を分かる人なら、多少の金額は許容してくれるはず。

結果、**仕事の依頼に繋がる確率は圧倒的に高く**なります。

仕事が欲しい！　その一心で、見積もりをホイホイつくっていると、いつのまにか、〝相見積もり専門の噛ませ犬〟にされてしまいますよ。そうなっちゃった人、私もたくさん見てきました。

何度も言いますが、見積もりは〝仕事のエッセンス〟。そのエッセンスを垂れ流す人は、決して尊敬されませんし、軽く見られます。勇気と自信を持って、「見積もりは有料！」と謳ってみてください。活路が広がること請け合いですよ。

28

# お客さんは黙って去っていく。

中山語録

お客さんは、腹が立ったり気にくわなかったりする時……多くの場合、黙って静かに去っていきます。わざわざあなたのためを思い、ここが悪い！　これが足りない！　などと示唆してくれたり、騒ぎ立てたりしてはくれません。

クライアントもそれと同様。あなたの仕事が仮に気に入らなくても、「ここがこんな理由で気に入らない！」とは教えてくれず、静かに、密かに、他を探します。気づいた時はもう遅いんです。

だから、いつも自分への評価に耳をそばだてていないと、肝心な変化に気づきません。そして、それに気づかない限り、いつまでも同じ過ちを繰り返し続けることになるんです。見ることです！　それには、**クライアントの反応を観察し続ける**しかありません。広角レンズのような広い視野。望遠レンズのような深い視界。共に持ち合わせるべく努力をしましょう。

反応を見るといっても、単に「どうですか？」と訊いても、正直な答えが返ってくるとは限りません。そんな時は……現場を見るんです。あなたが提案した、考案した仕事を実際に利用する人、接する人。そこを見ましょう。あなたが販売企画を立てたのならば、店に入って売れ行きをＣｈｅｃｋする。できればお客さんの声なんかを聞いてくるのもよいでしょう。成果は現場にしか表れないのです。

29

# 小さい役はない。あるのは小さい役者だけ。

中山語録

演劇の業界にはこんな言葉があります。

そう、小さい仕事なんてないんだし、小さな役割なんてないんです。

もし、あるとしたら、それは小さい想像力と小さい行動力。それでよしとしている自分が小さいんです。**どんな仕事でも、工夫と想像力によっていくらでも「小さくない仕事」に変えていくことができます。**

フリーランスだから小さい仕事、企業だから大きな仕事。そんな分け方はどこにもない。私はそう信じています。

金額的に小さな仕事を積み上げるのはもちろん大事なことです。でもそれが高じて、いつのまにか〝小さな仕事しかできない！〟と思い込んでいるとしたら、それは大きな間違い。それはあなたに、まだ大きな仕事を任せられるだけの地力が備わっていないからかもしれません。

私は独立１年目から数千万円とか、数億の仕事のリーダーを仰せつかってきました。クライアントの側も、それがさも当然のように、まったく違和感なくやってきました。

少なくとも私は、小さな役者であろうとはしなかったからです。

誰にでも可能性はあるんです。

# 自信を持ちたい時に……

失敗なんて誰にでもあります。失敗のない人なんていないし、失敗こそが次に進むための経験値ということができます。

本文にもある通り、トーマスエジソンはこう語っています。

「私は失敗したことがない。ただ、1万通りの、うまくいかない方法を見つけただけだ」

またこんな言葉もあります。

「失敗したわけではない。それを誤りだと言ってはいけない。勉強したのだと言いたまえ」

更にこうも言っています。

「私たちの最大の弱点は諦めることにある。成功するのに最も確実な方法は、常にもう一回だけ試してみることだ」

こう考えると、失敗はエネルギーの素であり、失敗を積むことこそが経験値を厚くすることなんだと思えてきますよね。

自信がない！　自信が持てない。そう感じたときには、自分の失敗に目を向けるとよいでしょう。失敗の中に必ず成功の芽があるのだから、自信をもってやってよいんだ！と信じることです。

エジソンの言葉を思い出すことです。

# 第4章　課題を解決し、決断が必要な時に読むマジックフレーズ

30

思うに、もっとも大きなリスクは現在にしがみつくことだろう。悪くすると、過去にしがみついてしまうこともある。

『今日の先のばしは明日の憂鬱』リン・ライブリー著　角川書店

「今」から抜け出そうとしない人、多いですね。私の周辺にもたくさんいます。

人は変化を恐れる生き物だ、という言い方をされます。確かにコンフォートゾーンという考え方があって、慣れ親しんだ環境から抜け出るのは実に怖い。捨てる！という気持ちになってしまい、もったいなさも感じるのでしょうね。

ここであなたに質問です。

「今がベストですか？」「今よりももっとよい状態って考えられないのでしょうか？」

ね？　今にしがみついていても、まだ見ぬ、新しい何かとは絶対に出会えません。ましてや未来というのは、過去の延長線上にあるものではなく、新たなスタート台を決めることから始まるのです。つまり、今にしがみつかず、過去と決別するということは、新たなスタート台を見つける旅に出るということ。

実は私たちは、生まれた時から、自分に一番合ったスタート台を見つけて生きてきたんです。**生きるというのはそのスタート台と出会い続けること**だし、多くのスタート台を知っているほど、知識だけでなく経験という厚みも手に入ります。

あなたのスタート台はどこですか？

31

# 自分で判断できなくなったら、人は人でなくなる。

『千里眼美由紀の正体 下』 松岡圭祐 著 角川文庫

仕事をしていると、必ず外圧があります。社内であれば上司からのプレッシャ、あるいは別の部署からのプレッシャもありそうです。外にはクライアントからのプレッシャもあれば、下請けからのプレッシャもあるでしょう。そうして、できるだけ波風の立たない、無難な方向を選ぶようになっていきます。

ですが、本当はそれではいけない。どんな小さな判断も、どんな大きな判断も、最後は「自分で決めている」んです。どことなく外圧に負けて決めちゃったように思えても、実は必ず自分の意思がそこにはあります。

だとしたら、どうせ自分の意思があるのなら、全部自分で決めちゃいましょうよ。自分で決めることができなくなったら、人は人ではなくなります。それは獣です。獣ではなく、**人が人である理由は自分で決めること。**その権利を人は誰でもが持っているんです。

32

**人間は生まれてくるときもひとり、死ぬときもひとり。泣きながら生まれて、泣きながら死ぬ。孤独も辛さも、生きているあいだしか感じない。**

『千里眼の死角　完全版』松岡圭祐　著　角川文庫

結局、自分で背負わなければいけないことってあります。誰に相談するでもなく、自分の決断が全て！　そんな局面が人には必ずあります。

結局、その人の人生はその人のもの。人は自分の人生しか生きられないし、他人の人生を生きることなんてできません。

だとしたら、だとしたらですよ。**つらいことも楽しいことも全てまとめて自分のこととして受け止めてみるのもありです。**自分しか体験できない貴重なこと！　と割り切ってみるのです。すると、全ての、あらゆることが自分にとっては勉強であったり、試練であったり、修行であるということが理解できます。

誰かのせいにせず、環境のせいにせず、世の中のせいにも、景気のせいにもせず、粛々と目の前のことを素直に受け止めてみる。

そうすると物事の見え方が変わってきますよ。

33

**多くの場合、人はカタチにして見せてもらうまで、自分は何が欲しいのか分からないものだ。**

スティーブ・ジョブズの言葉

これはかのスティーブ・ジョブズ氏の言葉です。

ジョブズ氏は、たくさんの商品やサービスを生み出し、その多くが世の中に大きな影響を与えました。彼が見せてくれたのが、徹底した〝ユーザー目線〟。お客さんは、〝かつて見たことがないモノ〟を目の当たりにし、異口同音に、「自分が欲しかったのは、これだ！」と気づいたのです。

ジョブズ氏のすごさは、〝お客さんが欲しいというモノ〟ではなく、〝欲しかったモノ〟を代わりに考える、生み出すチカラ。それを徹底したからこそ、お客さんは喜び、まさにジョブズ教ともいえる、強烈なファンを創り出していったのだと思うんです。

お客さん＝クライアント。

**クライアントの代わりに必死で考える。**

それが全てです。

34

**戦略とは、難しい状況を整理してシンプルにし、**
**誰もが実行できるようにすること。**

『「あなた」という商品を高く売る方法　キャリア戦略をマーケティングから考える』
永井孝尚 著　NHK出版新書

戦略という言葉を難しく捉えすぎている人が多いように思います。もちろん専門書を読めば、それはそれは難しい言葉が頻出しますし、わざと分かりにくく書いてるのか？　と言いたくなるモノもあります。ですが本来はそうそう難しいモノではないと思います。所詮は人間のやること、できないことをやるわけではないのです。

で、この言葉です。

先ずは、こんがらがった状況を整理すること。要は分解です。これには、例えばロジックツリーを使うとよいです。紙面の都合上、ロジックツリーの説明はできませんが、調べてみてください。ロジックツリーとは、物事を分解して考えていくことで、問題課題の全体と部分を網羅的に整理するフレームワークです。問題解決の現場において、抜け漏れなく情報を可視化した上で、最良の選択を行うために活躍します。

分解することと、要約することで、物事の構造がはっきりと見え、共有と共通認識ができやすくなります。それから整理。整理にも色々な手法がありますが、ＫＪ法などはその代表でしょうね。それで**整理したことから実行案を出すと誰でもが実行可能なモノが生まれる**ということです。

35

**ターゲットとは、お客さんそのものでなく、お客さんの心である。**

中山語録

人は困っています。つまり、クライアントも困っている。大きなことから小さなことまであらゆることに困っているんです。

で、ビジネスというのはその〝困ってること〟を解消してあげることです。つまり、あなたはお医者さん。お客さんは患者さんの立場です。患者さんはあなたに悩みを打ち明けます。困っていることを語ります。その気持ち、思いそのものを〝ターゲット〟と呼ぶんです。よく、ターゲットを、性別・年齢別・家族構成別・年収別などの、いわゆる属性で語るケースがありますが、それは間違い。ターゲットとはお客さんの気持ちそのものなんです。

**ビジネスは全て、感謝されることが目標である。**

私はそう思っています。そう考えるならば、いかに〝相手の困っていること〟に肉薄するか？　そこがポイントです。

そのためには、できるだけ先入観を持たずに、お客さんと向き合うことが大事です。先入観は目を曇らせます。結果、間違った判断を下してしまうことにもなりかねません。

お客さんの気持ちを知りたければ、先ずは自分が素直になることです。素直に、我が身に置き換えて考える時、これしかない！　という解決策が浮かぶものなんです。

36

# ホームページにアクセスは集めるな！

中山語録

例えば公開初日に映画館に人が並ぶ。でもそれは映画そのものへの興味ではなく、舞台挨拶に出席する俳優への興味だったりもします。それでは、映画の集客とはいえないのではないでしょうか？

ホームページへのアクセスもそれと同じ。本当に関心を持ってくれている相手だけが寄ってくるサイトにしてしまえば、アクセスなんて少なくてよい。むしろその方が、ぬか喜びが減って気持ちがいいし、ＳＥＯ（検索エンジン）対策なんて考えなくてよくなるんです。

肝心なのは、**本当に来てほしい人を明確にし、本当に来てほしい人だけを集める**ことです。単にアクセスアップだけを目指すと、早晩、壊れます。あらかじめ理解の度合いが深い相手を集めるために、しっかりと自己主張をすべきなんですね。

必死になってアクセスアップを狙う人、多いです。でもその中に、本当のお客さんがどれだけいるか？　といえば、それはお寒い限り。ですが、本当のお客さんではない人を集めるのにも、応分の努力は必要です。結局、お客さんにはならないんですから、それって無駄な努力ですよね？

これ、人脈づくりも同様。闇雲に名刺を集めるだけでは何にもなりません。ここでも会いたい人だけと繋がれる思考が必要になるんです。

37

# 人にはダチョウ型とタカ型がいるらしい。

『稼ぐ人・安い人・余る人』　キャメルヤマモト　著　幻冬舎

人にはダチョウ型とタカ型がいるらしい。

朝から晩までドタバタドタバタ走りまわっているのがダチョウ型。走り回っているわりには成果がでません。理由は、成果イメージがないまま、ただ動き回っているから。

他方、タカ型は、高い所を悠々と飛びながら、獲物を探します。見つけたらまっしぐらの速攻をかける。非常に効果的に成果をあげます。

ダチョウ型の人は、成果をあげることなく、「忙しい忙しい」を連発します。タカの目から地上のダチョウを見ると、「あの連中、時間を使わずに時間に使われている」と見えます。

私たちの顧客開拓も、まさにこれと同じ発想を持つべきです。走り回っているわりには成果が出ないと嘆いている人。タカの視点で動いてみてください。ペコペコと、いつも頭を下げるばかりの生き方をしていると、自然に腰は曲がり、首は垂れ、下しか見えなくなります。要は低いところに落ちている仕事ばかりを追うようになってしまうんです。

**胸を張って、前を、上を見てみませんか？**　かつて見たことのなかったような、新しいビジネスとかチャンスが見えているかもしれませんよ。

# 課題を解決し、決断が必要な時に……

誰だって結果が欲しいし、目の前の成功が欲しい。それ、当たり前です。が、そこで後先を考えずに目の前だけを追うと、必ず痛い目にあいます。それはなぜかというと、その場しのぎだからです。

そうではなく、よい成果＝結果を手にするには、正しい手順というか、道のりがあります。その人なりの、世界でたったひとつの〝王道〟です。そしてその王道は、誰にでも同じではなく、その人の置かれている環境や状況に応じて変わるものです。

今、乗っている列車に乗り続けたほうがよい人もいれば、一旦降りて、列車を乗り換えたほうがよい人もいる。場合によっては、自ら線路を敷き直さなければ目的の駅に着けない人もいるでしょう。

まさに千差万別であり、人それぞれです。

が、とにもかくにも、正しい道がある。それを知ってほしいのです。

ショートカットキーを押すかの如く、簡略な成功を望んでも、それはあくまでも一時のもの。揮発性の成功でしかありません。

できるだけ長く、再現できる方法を見つけ、身に付けてほしいと思います。

# 第5章　信頼を得て、人間関係をよくしたい時に読むマジックフレーズ

38

自分が愛情を持たないかぎり、相手の愛情には気づきさえないってこと……。まずこちらから信頼してこそ、相手の信頼を感じとることができるってことかな。

『千里眼ファントム・クオーター』　松岡圭祐　著　角川文庫

好きになるということは、まず関心を持つことから始まります。そして関心を持つことは、相手をしっかり、じっくり見ることに繋がります。結果、相手のことがよく分かり、よく見えます。

**信頼とは知ることから始まります。**知らないのに信頼するもしないもありません。

知って、相手のよいところを発見し、伸ばしてあげようとする。すると相手もその気持ちにこたえてくれようとする。これこそが実は相思相愛。

そう、相思相愛は決して恋愛に限ったことではありません。むしろ、ビジネスにこそ合う発想です。

会いたいお客さんが決まっていて、その会いたいお客さんが来てくれる。認め合った同士がビジネスのやり取りをする。実はこれが理想の形なんですよ。

39

# 言ってしまった言葉は口の中に返ることはない。

『葬儀屋は弔わない』森晶麿　著　河出書房新社

耳にした言葉って、絶対に消えません。

あなたも経験があると思いますが、知らず、ふと耳にした自分の悪口がずっと心から抜けず、いつのまにか誰かと疎遠になってしまう！　なんていうことよくあります。

言葉って残酷です。そんなつもりはなかった！　勘違いだ！　いくらそう言われても、受け取ってしまったモノは必ず心に残る。これはどんな優秀な消しゴムでも消せないんです。だからこそ、発する側も徹底的に気をつけないといけません。

言葉を選ばず反射的に口にした「言葉」が時には誰かの「命」すら奪ってしまうこともある。そのくらい**責任を持って「言葉を発する」必要がある**んです。

私たちはいつもオーディションを受けています。いつもどこからか誰かに見られている。そしてその評価は、あなたが知らないところで勝手に行われていくんです。

怖いでしょ？

40

**俺が頼んで俺が誘ったんだ。ここは持つぜぇ。**

『警視庁公安J：シャドウ・ドクター』鈴峯紅也　著　徳間文庫

親切の押し売りが増えています。

そして人の時間を奪うことへの申し訳なさも、時代と共に薄れてきているように見えます。自分の都合で人を呼び出しておいてご飯代、飲み代を割り勘にする人……私は嫌いです。基本的に時間と知恵を奪うのだから、少なくともかかる費用は誘った側が持つべきだと思います。

日本人は、人の時間とか知恵、経験といった「形のない物」を軽く見る傾向にあります。私も、よく「このくらいただでやってくれてもいいじゃん！」というような言い方をされました。そういう人とはその日を限りに別れてきましたし、今の時代、ＳＮＳなら一発ブロックです。

**人から何かを受け取るなら、必ず返す！** そのつもりで最初から付き合っておけば、もめ事にもなりにくいし、よい関係が保ちやすいです。

ぜひ、心掛けてください。

41

**坊主憎けりゃ袈裟まで憎いっていうが、袈裟にしてみりゃ迷惑な話さ。そうだろ？　坊主だけ嫌っとけって話だよな。**

『千里眼の瞳　完全版』松岡圭祐 著　角川文庫

世の中には、〝ついで〟とか〝便乗〟という言葉があります。とばっちりというのもありますね。

本質とは無関係なのに、事に乗じて相乗り・便乗でマイナスイメージを作る。そんなケース多いです。

ＳＮＳなどで頻繁に起こる炎上騒ぎなどはまさにこの〝相乗り〟〝便乗〟が大きな火種になっていると思います。ついで、の弊害ですね。何の根拠もないのに、そう思い込んでしまう。

だとしたら、こう考えてみてはいかがでしょう。例えその人や会社、店が嫌いでも、逆に必ずいいところもあるのだと。

だって考えても見てください。某社が仮に嫌いでも、会社という個人はいませんよね？必ずたくさんの人の集まりです。その中には**あなたに合う人も、あなたが好きになれる人もいるでしょう。だったらそこを見つけて付き合う方がどれだけ生産的で発展的か？**

考えるまでもないと思います。

42

自分の精神力を過信していると、ある日突然
ぶっ壊れるってことを言ってるんです。心は
無限じゃない。苦痛を蓄積できる限界量がある。

『法医昆虫学捜査官　紅のアンデッド』川瀬七緒　著　講談社

人は自らを過信しがちです。まだできる、まだいける。もっとなんとかなるし、もっと頑張れる。そう信じがちです。

ですが、そのバランスはあくまでもプラス寄りの見積もりです。必ずといってよいくらい、そこには過信がある。

まさに心は無限ではなく、苦痛を蓄積できる限界があるんです。そこを理解した上で、自分とも、そして他人とも付き合ってください。

**先ずは自分を客観的に見ること。闇雲に無意味に耐えることをせず、自分の許容量を見つける。**そのことで他人にも優しくなれます。追い込まずに済みます。

昨今いわれるパワハラなんていうのも、これで消えていくんです。

過信……厳禁ですよ。

43

ＳＮＳに流れる情報を鵜呑みにはしない。事実であろうが、虚言妄言の類であろうが、人心を惑わせることに変わりはない。誹謗中傷する側もされる側もそれを失念している。忘れたのでなければ、もはや人間ではない。

『桜狼　鹿取警部補』浜田文人　著　ハルキ文庫

ＳＮＳにネガティブな要素が充満するようになってから、どのくらいの時間が経ったでしょうか。ＳＮＳでネガティブなモノを見ない日はないといってもよいでしょう。

で、大切なことは、ネガティブなことを書く側は確実に誰かを傷つけるし、書かれた側は必ず傷つくということ。

それは匿名であろうと実名であろうと同じということです。

ＳＮＳはブーメランです。投げた言葉は必ず帰ってくる。

**いつか必ず投げた本人に、恐怖の刃となって戻ってくる**んです。そしていつか、投げた側の喉笛を掻き切る。

これだけは覚えておいてください。

44

# お前は、この企画書の表紙に、自分の名前をサインできるのか？

『おざわせんせい』博報堂「おざわせんせい」編集委員会 著　集英社インターナショナル

企画書……意外と安直に作る人、多いように見えます。ですが本来は、相手＝提案する相手のことを心底思い、限りなくよくなってほしいという思いを込めて書くものだと思うんです。それが提案書であり企画書であるハズです。

だとしたら、**徹底的に、究極まで考え抜いた！　真の意味の全力を出し切った！　という証拠というか証が必要**で、それがまさにサインだと思うんです。

元博報堂の小沢正光さんは、まさにその〝全力を出し切る人〟でした。何しろ自分の部下に対して「世界中、探したのか？」とか、「誰よりも考えていれば、そうは負けない」という人ですから。本当に広告という仕事の場を戦場と捉え、「いまは戦時だ！」と言いきった人。提案へのすさまじいこだわりを持った方でした。

企画のタイトルには、「〇〇に関するご提案」とか書かれただけの、何のありがたみもない、焼き直し感満載のモノが多いですが、これは正直、提示してはいけないレベルのものだと思います。

45

# 商品はそれで喜んでいるのか？

中山語録

商品にはそれぞれ意思があり、人格があります。少なくとも私はそう思っています。

ということは、商品にも主張があるハズですよね？　こんな売り方はされたくない！

こんな叩き売りみたいなやり方では私の魅力が伝わらないじゃないか！

商品は怒っているはずなんです。

だから、何か販売方法を考える場合、必ずこう胸に聞いてみましょう。

「商品はその売り方で本当に喜んでいるだろうか？」

そもそも、自分の売っている、扱っている商品に対し、愛情がなさ過ぎる人が多いです。

商品というのは、勝手に売れていくのではなく、**売っている人の意思によって売れていく。**

あなただって同じはず。あなたのことを、全然、的外れな紹介をされたら腹が立ちますよね？　それと同じです。

商品には、極上の愛情を注ぎましょう。

46

**飲食店のオーナーは、自分と、時には妻子の人生を賭けて開業する。失敗すれば、多額の借金を背負う。負けられない真剣勝負なんだ。こちらも、最高の店舗造りをしなければならない。この程度でいいや、など、手抜きや妥協は絶対に許されない。**

『おいしいお店の作り方 飲食店舗デザイナー羽田器子』こにし桂奈 著　実業之日本社文庫

仕事に対する熱の示し方にも色々ありますが、やはり最大のものは、仕事相手の人生にコミットすることでしょう。

普通は相手の人生とか家族とかを思い描くことはしないでしょう。ですが、一度思ってしまったら、そうそう消えはしないし、責任感は増大するものだと思います。

ましてや飲食の世界は、店の状況が見えやすく、栄枯盛衰がはっきりと現出します。だからその分、責任を背負いやすいんですね。

あなたも**仕事をする際に、相手担当者の人生、家族までイメージを広げてみてください。**意気込みも、責任も違ってくること請け合いですよ。

47

# 最初に結論を言え！

相手が聞きたいのは結論です。

これ、よく言われます。が、人は言い訳を含め、どうしても経過を語りたがるものです。結論を先に言うのは、実はかなり勇気が要るもの。ＹＥＳ、ＮＯが最初に決してしまうからですね。下手をすると身も蓋もない感じになってしまいかねない。

でも、それでも結論から語るべきです。

理由は、それがお互いのため、無駄な時間を空費しないためです。ズバリ！　結論から言うようにすると、時間のみでなく、人からの信頼も厚くなるんです。これ、当然ですよね？

**結論を最初に語るには、全体を整理するチカラが必要です。**言い換えれば、結論から語れない人というのは、情報の整理がうまくない人ということにもなります。

結論からバシッと語るとイメージがシャープになります。できるヤツ！　というイメージがつきます。それが次の展開にも繋がるし、深く良好な関係への足がかりにもなるんです。

結論を先に言うというのは、こうしたプラスの副産物ももたらしてくれるんです。ぜひ心掛けましょう。

48

# 安く売るときほど、一生懸命、理由を語れ。

中山語録

値段が高い時、その理由を丁寧に説明する人や店はたくさんあります。それを当然だと思っているからだし、そうでないと買ってもらえないと信じきっているからです。

でもね、本当に大事なのは安い場合なんです。安い場合に、明快な理由がないとどう見えるか？　そう、怪しいんです。一旦、怪しいイメージを持たれたら、挽回するのは至難の業です。

だから……、安い場合にこそ、魂を込めて熱意を持ってきちんと説明する。それが大事なんですね。売り上げが足りない時、いついつまでにいくら必要！　と切羽詰まった時。どうしても安売りに走りがちですよね？　でもそこで単に安く売るだけでは、ただのカンフル剤。麻薬のようなもので、そこから抜け出せなくなってしまいます。お客さんの側だって、それが当然！　となって、安い時以外は買ってくれなくなってしまいます。こうなったらもうお終い！　上がり目はありません。

だからこそ、**安売りをする前に、その理由、根拠をしっかりと構築しておく。**それが大事です。

理由なき安売りは背任行為です。

49

# 仕事はもらってはいけない。

仕事を誰かに頼むという理由はたった一つ。困っているから……です。自分ではやれない！　やりたくない！　やり方が分からない！　やってくれる人がいない！　時間がないなど……。困っているからこそ、誰かのチカラを借りるんです。で、誰かに頼むという時は、それなりに、〝その人でなければならない理由〟があるんです。つまり、あなたが仕事を依頼された場合、あなたが断れば相手はより困る状況だということ。胸を張って、自信を持って、「任せなさい！」と言いましょう。

受ける側の方が、実は立場は強いんだということを知っておいてください。

仕事をもらうという発想が染みつくと、相手との関係が固定されてしまいます。相手は王様、こちらは使用人という関係です。この関係は一度構築されてしまうと、二度と崩せません。崩そうとするなら逃げ出すしかないんです。そんな状態で、主導権など持ちようがないですよね？

**仕事を依頼する側と依頼される側。立場は対等です。**いえ、先に述べた理由で、実は依頼される方の立場が強い。それを信じてくださいね。

50

# テクニック難民になるな！

中山語録

すぐに使える（そうな）テクニック。楽して成果の出せる（そうな）裏技。

そもそも、そんな都合のよい、虫のよい話があるハズがないのに、なぜそれを求めるのか？　破綻しているとしか思えません。

仕事とは、クライアントができないこと、やりたくないことを代わって引き受けるという側面があります。そんな立場のあなたが、手抜きのやり方を学んでどうするんですか？

これは効率性とは別次元の話。立ち向かい方です。

基本は王道。本来やるべきことを重ねていくしか、近道はないんです。楽なことをいつも志向していると、脳が〝努力〟を拒否しはじめてしまいます。こうなると、なかなか本来の姿には戻りにくくなります。精神も、脳も、実は筋肉と同じ。鍛え続けていないと、いつの間にか、緩んでしまう。そうなると、戻すのは大変です。

**手を抜かず、横着をせず、クライアントの模範になるような仕事のやり方を選びましょう。**

51

**あなたは、休みの日に、大事な人を連れて、自分の店に来られますか？**

中山語録

あなたが何らかの〝店〟をやっているとして、休みの日に、大事な人を連れて、自分の店に来られますか？

飲食店をやっている人に対し、私がよく言う言葉がコレ。休みの貴重な時間を使って、大事な人と来られないような店なら即刻辞めた方がよいのではないでしょうか？

あなたの仕事も同様。「自分の働いている様子を、大切な人に見せられますか？」。この問いに対し、ＹＥＳと返せないのなら、あなたの仕事には危険信号が灯っているのかもしれません。

この考え方、実は商品にもいえるんです。この問いを、自らに向けてみてください。「あなたが売っている、あるいは取り扱っているその商品やサービス、家族に紹介できますか？」

一時、インターネットを使った怪しい商品の販売が横行しました。今でも、まだそうした信じられないくらい劣悪な、中身のない、詐欺まがいの商品は売られています。で、それを売っている人にある時、この質問をぶつけてみたことがあります。当然ながら、答えは返ってきませんでした。

少なくとも、**家族、あるいは親友に紹介できないような商品を売ってはいけない**と思うんですよ。

52

**電話なんて、出たくないときにまで出なきゃならないほど束縛の強いツールではない。**

『黒猫のいない夜のディストピア』森晶麿　著　早川書房

打ち合わせなどに出ていると、電話がかかってくるや否や、席を立って電話に出ちゃう人がとても多いことに気づきます。あれ、なんでしょうね。

私自身は大事な打ち合わせの場合は、必ず電源を落とすようにしていますし、仮にそれができていなくて電話が鳴った場合、即、着信拒否をします。どんなに大事な用事でも、目の前の打ち合わせに集中したいからです。

電話がかかってきて途中で中座して会議室を出る。で、また戻ってきて、「どうなりました？」とか平気で聞いてくる輩がいますが、あれ、最悪。ビジネスに携わる人間として最低です。

電話は何かを邪魔するための道具ではないのです。電話は偉くもなんともないし、電話に罪はありません。が、逆に、相手の都合も顧みずいつでも割り込むことができるという意味では、ある種の凶器です。

電話という外圧に支配されず、**しっかりと自己をもって、主導権をとって**おきたいものですよね。

53

# 人脈はリストラしてこそ価値がある。

中山語録

人脈なんて、どんどんリストラしましょう。

先ずは名刺。顔を思い出せない人の名刺は思い切って捨ててしまいましょう。だって、顔も思い出せないのに、あなたの方から連絡を取る可能性はないですよね？　そんな意味のない名刺に執着するのはやめませんか？

次に、何をやってる人か、思い出せない人の名刺も捨てましょう。これも同様、何者か分からないのに連絡を取る可能性なんてゼロです。顔も思い出せない、何をやってる人かも分からない名刺というのは、持っていないのと同じです。

さて、ここまででかなり名刺リストラができました。いよいよここからが本番。

次に、〝好きか嫌いか？〟で分けてみましょう。少しでも嫌な感じ、スッキリしない感じ、怪しい感じ。そう感じたら容赦なく捨てる。つまり、本当に好きな人だ！　と思える人だけを残すんです。さて残った名刺。**顔を思い出せ、何をやってる人かが分かり、何よりも大好きな人。この人とだけ生きていけば十分**ではないですか？

この考え方。住所録とかケータイの電話帳も同じです。名刺と同じ要領でバサバサと切ってください。それができると隙間ができます。新たな情報が入るスペースができるんです。そこに新たな、意味のあるリストを加えていきましょう。これ、大事です。

54

**自分が言いたいことを言うな！**
**それは宣伝だ！**

中山語録

自分が言いたいことを一方的に話す。これは単なる〝宣伝〟であり、売り込みでしかありません。そこに会話とかコミュニケーションは成立しません。下手すると嫌われるだけです。が、視点を変えて、相手が知りたいことを語れば、それは〝プレゼンテーション〟になります。

プレゼンテーション＝プレゼント。ビジネスで生きていくには、売り込みではなく、プレゼン上手を目指しましょう。つまり、語るということは、本来、何かを差し上げる行為。お客さんが欲しいモノを見極め、提示した時に初めて、コミュニケーションが成立するんです。

成績を上げたい！　稼ぎたい！　実績を作りたい！　これ、全部売る側の自己都合。そこに〝相手との関係性〟などありません。

ビジネスというのは全て関係性の結果です。よい関係性を作れる人は、よい成績を上げられる。関係作りが下手ならば、成績も下がります。

成績＝関係性。そう考えると、いかに〝言いたいことを我慢するか〟が重要なのか、分かりますよね？　私の親友、営業の達人、小林一光氏は、「我慢はスキルである！」と喝破しました。

**焦らず、急がず、じっくりと関係作りに集中する。そこが重要です。**

55

# 地域活性化は魔法の言葉。

中山語録

地元をよくする。地元をよくしたい。

この言葉にＮＯを唱えられる人はいません。

だから、先ずは〝小さな地元活性化〟から始めましょう。

どんな仕事をしていても、寄って立つ場所がなければ、ビジネスは成立しないんです。

立地という言葉は、地元を立てるという意味。地元を、地域を愛することは、無限の広がりを生むんです。

**企業が、自らの利害とか都合によってなかなかできないこと。それを軽やかにやってのけるのも、私たちの役割の一つ**です。

遠慮せず、地域の企業や店同士を繋げていく。

そういう役割も果たすべきなんです。

56

# どうやって直すのかわからないものを、こわし続けるのはやめてください。

セヴァン・スズキの言葉

**オゾン層にあいた穴をどうやってふさぐのか、あなたは知らないでしょう。**

**死んだ川にどうやってサケを呼びもどすのか、あなたは知らないでしょう。**

**絶滅した動物をどうやって生きかえらせるのか、あなたは知らないでしょう。**

**そして、今や砂漠となってしまった場所にどうやって森をよみがえらせるのか、あなたは知らないでしょう。**

**どうやって直すのかわからないものを、こわし続けるのはやめてください。**


このスピーチは１９９２年、リオデジャネイロで開かれた「国連環境開発会議（地球サミット）」で「子どもたちの子どもたちの子どもたちのために」というタイトルで行われたものです。当時12歳のセヴァン・スズキという少女の口から語られました。

どうやって直すのか分からないものを、こわし続けるのはやめましょう。


あなたは、一度落とした信用を取り戻すやり方を知っていますか？

去っていったお客さんのココロを取り戻すやり方を知っていますか？

失った売り上げを取り戻すやり方を知っていますか？

知らないのなら……やめませんか？

零れた水は、二度と盆に返らないのです。

# 信頼を得て、人間関係をよくしたい時に……

結局は人柄。

私はそう思います。

なぜなら人柄だけはずっと変わらない唯一のものだからです。

お金も仕事も人間関係も……時間とともに変質します。環境によって、置かれている状況によって変質するんです。

が、人柄だけは不変です。

生まれ持った性格といってもよいでしょうが、これだけはどうあっても変わらない。

努力で性格を変えるという話がありますが、あれは嘘。見せ方、見え方を変えているだけ、心掛けているだけであって、結局は本質が垣間見えてしまうんです。

だとしたら、最初から、あなたも〝あなた自身〟を見せてほしい。上辺ではなく、あなた自身が見えるような、胸襟を開いた付き合いを世の中に対してしてほしい。

そう思います。

見せてしまえばその「見せた自分」でなくてはいけないし、そこを変えるわけにはいかないんです。

変わらない価値、それで勝負していきましょう。

# 第6章　発想を変えたい時に読むマジックフレーズ

57

**敵が多い。だから私は幸せだ。**

ピエールカルダン広告

これは、橋本恒夫さんが広告のために書かれた言葉です。

敵が多いということは、その分、エッジが立っている。嫌いな人がいるからこそ、対立軸としての味方ができる。まさに作用・反作用の法則です。敵が多い人というのは、その分、個性が明瞭だということ。だからその〝個性〟を求める人だけが集まり、やってくる。そこにこそ、まさに本当のファン（＝ファナティック）＝狂信者が集まる。この狂信者を集める行為を、ブランディングというんです。

ビジネスはファン作りからスタートします。そのためにこそ、お客さんでいてほしくない相手を特定しなければいけません。あえて敵を特定する。これ、大事です。

ですが、どうしても嫌われることを怖がる人が多いです。当然だとは思います。嫌われたくないから、全方位的にみんなに好かれようとする。これを八方美人と呼びます。

私が敬愛するコピーライター仲畑貴志さんの本に、〝みんなに好かれようとして、みんなに嫌われる〟という言葉がありますが、まさにそうなるんです。

私たちはしょせん、世界中の人と付き合うことなんてできない。だからこそ、**敵を明確にして、反作用としての味方を見つけるべき**なんですよ。

結果としてそれは、とても強い繋がりになります。

58

まったく逆です。戦略は〝何をやらないか〟を決めるために立てるんです。

『１００円のコーラを１０００円で売る方法２』永井孝尚 著　ＫＡＤＯＫＡＷＡ／中経出版

何をやるか決めるより、「何をやらないか！」を決める方が、格段に道がはっきりします。**やらないことを決めるのは、主体が自分になり、意思が見えてくる**のです。

が、やることを追うと、どうしても「あれもこれも」となり、ややもすると外圧も受けやすくなります。

が、やらないことを決めるのは明快性が上がります。

つまり、「やらないって表明してるでしょ？」と、態度を明らかにできるし、外部に対しても断りやすくなるんです。

59

**幸せとは人の心にあるものだ。他人に与えられるものではなく、自ら出会うものだ。**

『レトロゲームファクトリー』柳井政和 著 新潮社

幸せという概念は、味覚と同じで、「これが正解」というものはなく、一人一人がその受け止め方の中で感じるモノです。

つまり尺度がなく、数値化ができない。要は比較ができないものなんです。だからこそ、幸せを比較するなんてナンセンス。

**自分が今、どう感じているか？　で決めればいいじゃないですか？**

誰かと比べて幸せか不幸か？　そんなことで悩んでいる人には、この言葉を贈ってあげましょう。

幸せとは人の心にあるもので、外からは見えません。

見えないモノを比べようとしてもそれは不可能。

だから幸せを論じ、比べるのはやめて、自分がどう感じるか？　に集中してみてはどうでしょう。

60

あなたがまだ成長中の実力80なのに衰退中の実力80の相手と群がれば一緒に衰退していく。群がった瞬間、群れの中で最下位の相手に合わせなければならないのは周囲を観察していれば明らかである。

『印税で1億円稼ぐ』千田琢哉 著　あさ出版

人は人を映す鏡といいますよね。また、付き合う相手はあなたそのものだ……とも。

誰かと繋がり、しかもそれが群れだったりすると、どうしても群れの掟に合わせなくてはいけなくなります。突出は嫌われるし、群れの秩序が乱れるからです。そしてその群れというガイドラインの中であなたの成長は止まり、低位安定が生まれます。

コレではダメです。

**大事なのは群れないこと。**ガイドラインのない世界で自由自在に動き、羽ばたいてみること。動いているモノは鏡には映らないし、誰かと悠長に付き合う暇もない。あなたは上昇中なんですから、下を見ている場合ではないんです。

私たちの成長には環境が必要です。そしてその環境は〝人〟で創られます。だとしたら最高の環境を見つけるべきですよね？

少なくとも実力80の相手では、環境になりません。

即刻、抜け出しましょう。

61

ぼくは「この道一筋」というやつがきらいである。（中略）「作詞家をめざして苦節10年」なんてつまらない。きのうまで絵を描いていたやつが、今日は作詞をしたっていいじゃないか。

『星をつくった男 阿久悠と、その時代』重松清 著 講談社文庫

人は多様です。いうまでもなく色んな面を持っています。

例えばとても足が速い子供がいたとして、必ずしも陸上の短距離をやらせる必要はないですよね？　下半身の強さを活かしていけるスポーツは色々あるし、仮に動体視力が並外れて優れているとしたら、スポーツよりもＦ１レーサーとか飛行機のパイロットが向いているかもしれない。

それは誰も分からないんです。

だからこそ、色々なものに触れてみて、その中からたまたま「これだ！」というのが見つかればそこに進めばいいし、また別の何かが見つかればそっちでもいいと思うんですよ。

人はどんな能力を隠し持っているか？　外から見ても分からないし、ひょっとしたら自分でも気づいていない能力があるかもしれません。

だからこそ、**興味の羽根を広げて大きな可能性を見つけてほしいんですよ。**

62

**「いままでいちばん○○」「世界でもっとも○○」の○○の部分に適当な言葉を入れて、自分がアイディアを考えようとしている対象にあてはめてみるのである。**

『プロフェッショナルアイディア。欲しいときに、欲しい企画を生み出す方法。』
小沢正光 著　インプレス

これも元博報堂の小沢正光さんの言葉であり、手法です。具体的には、「いままでで1番オンナに受けるＣＭ」とか「世界でもっともオトコが喜ぶイベント」として「枠」を創る。これでより具体的なイメージが湧きやすくなる、ということのようです。

**条件を決める＝縛ることで、思考の刃先が尖り、切れ味が鋭くなります。**

ぼんやりとしか見えていなかった思考が、クッキリとした輪郭を持って立ち上がってくるんです。この瞬間が私は大好きです。

基本的に思考は外へ！　外へ！　と広がりたがるモノです。もちろん広がりも重要ですが、逆に〝内に！　内に！〟と狭くした方がよい場合もあります。そんな時は、ぜひ、この〝枠〟を創って、そこに思考をはめてみる！　というやり方をしてみてください。

目から鱗！　なくらいアウトプットの質が変わりますよ。

63

**現実におもむく前に、あたまで考えてしまう。**
**たまには、そうした貧乏性をやめてみましょう**
**というのが、タウンウォッチングの精神。**

『ひらがな思考術』関沢英彦 著 ポプラ社

このフレーズには、「街の雑踏にもてあそばれながら、仮説もなしに歩き回るのは、不安でもありますが、何かを見つけた時の喜びは大きいものがあります」という続きがあります。

私も散歩が好きでしょっちゅう街を、裏道を歩き回りますが、確かに発見したモノは数限りないです。

詩人で劇作家だった寺山修司さんは、「書を捨てよ、町へ出よう」と言いました。

そう、やはり**机の周囲、今ならパソコンの中には生きた情報はないのだ！**ということなのでしょう。加えて、街を歩くことには〝脳が活性化する！〟という副産物があります。足の裏から刺激が来るので、思いもかけないアイディアが湧いたり、普段は見ないものが目から飛び込んできたりして、自分でもあっと驚くような発想が浮かんだりする。

これ……おすすめです。

たまには無機質な事務所を飛び出し、タウンウォッチングをしてみるのもよいかもしれませんね。

64

トム・モナハンが当初ドミノピザの店を開いていったのは、どういう場所かご存じだろうか。大学のある町の、大学のすぐ近くだ。理由は簡単。大学生ほどいつもピザばかり食べている人種は他にいないだろう。

『究極のマーケティングプラン シンプルだけど、一生役に立つ! お客様をトリコにするためのバイブル』
ダン・ケネディ 著　東洋経済新報社

ターゲットという言葉はそこら中で耳にします。ですがターゲットって何？　と尋ねると意外とみんな答えられない。答えられてもそれぞれがまったく違う答えを出してくる。こういったマーケティング用語って実に難しく、魑魅魍魎です。その魑魅魍魎に実に明快に解答を出してくるのがこのエピソード。

**食べ物を売るなら、その食べ物を食べる人がたくさんいる場所に店を出せばよい。**その当たり前のことが意外とできないんです。

「あ～でもない、こ～でもない！」と理屈をこねくり回し、結局、曖昧な、甘い判断になっていく。それではダメなんです。

求めている人がいる場所＝マーケットにこちらから近寄っていく発想が求められるんですね。

65

**ジレットの筆頭株主でアメリカの有名な投資家ウォーレン・バフェットという人が、言ってるんですよ。「寝る前に、今この瞬間にも人々の髭が伸びてると想像すると、安眠できる」って（笑）。**

『経済ってそういうことだったのか会議』竹中平蔵・佐藤雅彦 著 日経ビジネス人文庫

人間が生きているだけで必要になるモノってありますよね？　言い換えれば、景気が悪くなっても影響を受けにくい商品やサービス。それが、人が生きているだけで必要になる商品です。

特に男性の髭はまさにそう。普通にビジネスをやっている以上、髭を伸ばし放題という訳にはいきませんし、髭は必然的に伸びるモノ。基本的に避けては通れないモノです。

こうした根源的なニーズを満たす商品は圧倒的に強いです。だって逃げられないのですから。

こうした**根源的なニーズを満たす商品やサービス。**まだまだたくさんあるのではないか、と思います。

考えてみてください。大化けする商品、まだまだ埋もれていると思いますよ。

※「ジレット」＝剃刀製品のブランド。
元はアメリカ合衆国の独立企業だったが、2005年以降はプロクター・アンド・ギャンブル（P&G）が販売。

66

**同じ資格を名乗れば、その瞬間から〝全員〟がライバル。**

中山語録

一生懸命、頑張って努力を重ねやっと手に入れた資格。誇示したいのは分かります。誰にとっても、資格は大きな武器になるでしょう。

でもその資格は、他にも誰かが持っているモノ。資格によっては何万人、何十万人とまさに〝ライバル〟がいます。それを名乗った瞬間、あなたは相手と同じ土俵に上がることになるんです。そう、名乗った瞬間から、同じ資格を持つ全ての人がライバルなんです。

そうならないために、「資格＋X。X＋資格」というオリジナルのジャンルを作り、そこでのオンリーワンを目指すべきなんです。

ビジネスで勝利を得ようとするなら、まず考えなければいけないことがあります。それは……ライバルと違って見えることです。同じようにしか見えなければ、安い、有名、歴史のある……といった、無難な方が選ばれます。

**「違って見える」こと。それだけが選ばれるための条件**なんです。その意味で、資格をそのまま名乗るのは、決して得策とはいえません。簡単にいえば、社労士と名乗らずに、「謝労士」とシャレを使ってみる。管理栄養士なら「カンリエイヨウシ」とカタカナで名乗ってみる。少なくともその程度の工夫は必要でしょう。

67

# 名刺は複数持て！

中山語録

相手が求めているものが人それぞれ違うのに、なぜ名刺だけは同じ1種類で済ませようとするのか？　意味が分かりません。

極論すれば、名刺は相手一人一人に対して全部違ったモノでもいいんです。

名刺の〝し〟は刺すという字です。相手の心に刺さり込まなくてはいけません。その刺さるべき名刺が、誰にでも同じ内容でよいハズがないでしょ？

一人一人、変えるのはさすがに無理ということであれば、せめて何パターンかを用意し、相手によって使い分けるようにしませんか？　効果は抜群ですよ。

名刺は、交換したその場で読んでもらうため、そして、出会った瞬間の理解度を最大化するためのものです。が、昨今、とても失礼極まりないスタイルの名刺が幅を利かせています。それは……詰め込み型の名刺です。ジャバラ型でビラビラと開くタイプのもの。何頁にも製本されたもの。折り紙のように折りたたまれ、開くとA4サイズになっちゃうもの。あり得ません。「読んでくれるな！」と言っているようなものです。特に、交流会などの多くの人が集まる場で、そんな失礼な名刺を渡すことは、まさに礼儀知らず！　噴飯ものですよ。

**工夫して、そぎ落として、できるだけコンパクトな名刺にする努力をしましょう。**

68

# 記号しか書かれてない名刺はゴミ

中山語録

会社名、所属部署、肩書き、名前、郵便番号、住所、電話番号、メールアドレス、ホームページURL、会社ロゴ、〇〇周年の標記。

これらは全て、単なる記号でしかありません。受け取り手にとっては、何の意味もない記号の羅列です。インターネットで調べればたちどころに判明する、価値なき記号。

名刺には意思を盛り込みましょう。

それと同様に、あなたの名刺には、〝あなたが何者か？　が一瞬で理解できるメッセージ〟を書きましょう。それはキャッチフレーズであれ、オリジナルの肩書きであれ、主義主張であれ、こだわりであれ……、あなたの伝えたいことが書かれていなければいけません。

名刺には、ネットでは決して見つからない思いを書くべきです。

何度も話してきていますが、私たちは、〝ライバルと違って見えてナンボ！〟です。その違いをまず最初に伝えるのが名刺の役割。

名刺が魅力的でないと、以降の繋がりが断たれてしまいます。

もう一度言いますよ。**名刺は、あなたと外界を繋ぐ窓**です。

窓は魅力的に。

69

**普通宣伝のキャッチコピーはプラスの面を強調して伝えることが多いですが、それだと「名前ほどたいしたことない」「名前負けである」と思われてしまいがちです。入口がマイナスな名前は、その点安心です。**

『「ない仕事」の作り方』みうらじゅん 著 文春文庫

みうらじゅんさんの命名による〝ゆるキャラ〟というのがあります。

これ、初期のころは「うちのキャラはゆるくない！」とクレームがくることがあったらしいです。ですが、段々と浸透していくにつれて、「可愛い！」「親しみやすい」と、徐々にプラスイメージが増えていき、逆に、ゆるさを売りにするキャラがたくさん生まれるようになっていったそうです。

スタート時点であまりにもハードルを上げ過ぎてしまうと、それが足かせになってイメージが固定してしまったり、イメージの広がりが制限されてしまったりします。ですから最初は「ちょっとマイナスの面」も伝える。

私がよく使う例では、「あばたもエクボ」ではなく、「あばたがエクボ」という表現です。あばた（＝ニキビのようなもの）を、隠すよりもそれこそが個性であり魅力ポイントである！　と最初から打ち出すことで、「正直」「隠さない」と見える。

これ、とても大きなプラスポイントです。

**弱い部分も隠さず開示することで、実は強みに転化できる。**そういうことなんですね。

**70**

**そもそも違う目的で作られたものやことを、別の角度から見たり、無関係のものと組み合わせたりして、そこに何か新しいものがあるように見せるという手法。**

『「ない仕事」の作り方』みうらじゅん　著　文春文庫

これ、ざっくりいえば〝編集〟です。典型的には携帯電話の機能なんかがこれに当たりますね。電話とカメラ。電話と定期券。電話とパソコン。

お店でも同様。精肉売り場にすき焼きのたれを並べて、そこに七輪を置いてしまう。これですき焼きの提案になります。本来は離れて陳列されていたものが、カテゴリを超えて融合するんです。

この発想の達人は、ヴィレッジヴァンガードでしょう。例えばお酒のコーナーにはもちろんお酒関連の本があります。が、雑誌もありますし、漫画もあります。普通の本屋ではありえないですよね？　業界人しか買わないような専門書もあります。ふと見るとビアタンブラー、お猪口と徳利のセットやコルクオープナー、果てにはお燗をつける道具まで置いてあり、つまみに合いそうなお菓子や嗜好品、加えてお酒に関連するデザインのＴシャツとか前掛けなんかもある。要は、何でもありの、まさにごちゃまぜ陳列なわけです。

この**ごちゃまぜの山が、お客さんに語りかけてくる**んです。これが編集の妙です。

あなたももし、行き詰まり感を感じたときは、〝編集〟という発想を持ってみてはいかがでしょうか。

71

**私が何かをやるときの主語は、あくまで「私が」ではありません。「海女が」とか「仏像が」という観点から始めるのです。**

『「ない仕事」の作り方』みうらじゅん　著　文春文庫

これも、みうらじゅんさんの本からの引用ですが、みうらさんは、色んな「まだないモノ」に名前をつけて、それに光を当てるプロです。

前述の「ゆるキャラ」が一番著名でしょうか。

実は海女さんブームの基礎を創ったのはみうらさんですし、仏像の大ブームもみうらさんの仕掛けです（彼は仕掛けたつもりはないのでしょうが……）。

で、何か語る時に、「主語が自分」だとどうしても嫌らしくなるし、いささか商業主義的に見える。

私たちのビジネスも恐らく同じです。主語を自分に置いて、「自分が自分が……」というタイプの人は恐らく好かれません。そこを**客観的に、「〇〇が……」と語る**。その方が「のめり込み感」が薄れて、逆に興味を持ってもらいやすくなる、ということだと思うんです。

私もよく使う手法ですが、「スーパーフライがさ……」と言うと、いかにもスーパーフライが語っているように見える。

この手法、プレゼンなんかで使うと結構有効ですよ。

72

**会社で働いている人は、ぜんぜん社会人じゃないかも、って。あの人たち、みんな『会社人』やなあって。会社の中や得意先まわりの小さなことばっかり考えてるんやもん。**

『ウイスキーボーイ』吉村喜彦 著 PHP文芸文庫

ガラパゴスという言葉があります。外界から閉ざされた島で、**世の中の変化をまったく知らないまま、自分たちが常識と思い込んでいる状態**ですね。

一時、ガラケーなんていう言葉が大流行しましたが、あれはガラパゴスケータイの略ですね。

で、私には世の中、ガラパゴス社員ばかりのように見えます。会社の常識が世の中の常識と勘違いしている人。自分の会社の中だけのローカルルールが絶対と思い込んでいるわけですね。

一歩外（外界＝こっちが本当の世の中）に出ると、まるで通用しないローカルルールを、あろうことか他にまで押しつけようとしてしまう。

メディアを賑わす不祥事の多くは、大体このガラパゴスで説明できてしまうのです。

もし、あなたに思い当たることがあるなら、すぐに改善しましょう。

# 発想を変えたい時に……

人は変化を恐れる生き物です。

コンフォートゾーンという言葉がありますが、心地よい場所からはなかなか出たがらないものです。

が、どうしてもその心地よさを捨てなければいけない局面もやってきます。そんな時には、ここに登場する言葉を読んで、恐れず変化することを楽しんでください。

変わる恐怖よりも、変わった嬉しさの方が何倍も価値がある。

それを信じて新たな地平を切り開いてほしいんです。

数年前に『置かれた場所で咲きなさい』という書籍が売れましたが、決してそればかりではありません。置かれた場所を去らなければいけない場合も必ずあります。しがみつかなくてもよいのです。

人には必ずその人を待っている場所がある。あなたに選ばれたがっている場所があります。

それが今の場所でなければ、勇気をもって去ってよいのです。

# 第7章　実践しなければ、と思った時に読むマジックフレーズ

73

「仕事が忙しくて遊ぶ時間がない」と言う人が大勢います。これを二流と呼ぶのだそうです。

『文章がうまくなるコピーライターの読書術』　鈴木康之 著　日経ビジネス人文庫

「忙しい忙しい」という人ほど、生産的な仕事をしていなかったりします。

他方、本業の仕事のみでなく、趣味にも忙しくて仕方なさそうなのに、よく遊ぶ人もいます。こういう人が一流なのだそうです。

**時間は作り出すモノ。工夫さえすれば時間は作れる。**私はそう信じていますし、実際にやってみたらできました。

時間を作り出そうとすれば、どうしても「今の仕事や仕事のやり方を抜本的に見直さなければいけません」。その中から本質的な問題や、手をつけられるポイントがたくさん見つかります。結局、その発見こそが仕事の効率を上げるのでしょう。

基本的に時間は皆に平等だといいますが、実は時間を作り出せる人と作れない人がいる。この時点で、実は時間は平等ではないのかもしれません。

神様は意外と意地悪なのかも。

74

# 今日の先延ばしは明日の憂鬱。

中山語録

いつかではなく、今やろう！『今日の先延ばしは明日の憂鬱』というリン・ライブリーの名著がありますが、まさに先延ばしは百害あって一利なし。

今やっちゃう！　ということは、やらなくてはいけないことが一つ減る！　ということであり、肩の荷が下りること。あるいは、課題が減り、脳内空間に余裕ができるということ。

延ばしても何一つ、よいことなどないんです。

先延ばし、先送りが増えると、同時に処理しなければいけないテーマが増える。つまりは、〝渋滞〟します。で、渋滞してしまうと、どうしても、〝処理〟が、乱暴になる。つまり、クオリティが下がるんです。

**できる時に前倒ししてやるくらいの気持ちが大事。**それこそが、クオリティを落とさない秘訣です。

75

# 夢はやることをやってから願え！

中山語録

夢を叶えた人に共通のポイントがあります。それは……神頼みなどせず、自力で進んだということ。

すぐに他人に頼りたがる人。すぐに教わりたがる人。そんな人に、神様は決して、微笑んではくれません。人はそもそも、本来は一人で生きていくのです。頼る前に、**自分自身の対応能力、処理能力を磨くべき**なんですよ。

毎週のようにセミナーに参加。すぐに誰かのコーチングを受けたがる。メンターなどといってすぐに助言を求めたがる。結局、それは真の努力の放棄だし、他力本願思考でしかありません。

どうしたらいいでしょうか？　この質問をしたがる人がいます。私のセミナーや講演に来てくれる方にも、結構いますよ。

実際、一体どうしたらよいのか？　分からなくなる時ってありますよ。でもね、そんな時でも、グッと踏ん張って、多少カラ元気でもいいから、「私はこうしたい！」と叫んでみる。その声が届けば、届きさえすれば、「だったらこっちの方がいいのでは？」とか、「それでいいんじゃないの？」という声が返ってきます。

76

# 全部と言ったら全部です！

中山語録

「言われた通りやったけど上手くいかない！」という人の99パーセントは、言われた通りにはやっていません。全部をやるべきところを、勝手に選んでいるだけ。

仮に、やるべきことが１００あるとします。で、全部をやらないとうまくいかないと決まっているとします。でもね、大半の人は、その中から簡単に、すぐに、お金をかけずにできる部分だけを抽出してやっちゃうんです。つまりはパッチワーク。見えている穴をチョコチョコっとふさぐだけの対症療法です。

ちゃんとやるというのは、全部をやるということです。全部といったら全部なんです。例外はありません。

時間がない！　余裕がない！　そんな、どうしても手を抜きたい時ってありますよね？でも、そこでいかに手を抜かず、着実なステップを踏むか。実はそこで未来が決まります。

私も、たくさんの**成功者や経営者にお会いしてきましたが、本当に例外なく、〝やるべきことを全部やって来た人〟ばかり**でした。

仕事も人生も、実は全てが連続しています。ぶつ切れということはないんです。

そのシームレスに繋がる時間を、適当な部分で切ってよいハズがありません。全ては繋がっている！　それを忘れないでください。

77

# 人生のカンニングはするな！

中山語録

自分以外の、いや、人間以外の、人知を越えたモノのチカラを頼ってしまったら……、それは人生のカンニングだと思うんです。

以下、『ソウルケイジ』誉田哲也　著　光文社文庫よりの引用。

「ましてや、守護霊だのなんだのは端から頭にない。仮にそういうものがいるのだとしてもだ。もしそれらに教えを請うてしまったら、ある意味、それは、人生のカンニングになるではないか？　とすら思っている」

カンニングは、その場ではよい点が取れたとしても、まったく身に付くことのない無為な対処療法だし、自分で判断しないという、よからぬクセを養成するだけです。

人生のカンニングだけはやめましょう。

運を引き寄せる、幸せを呼び寄せる。そんな言葉が飛び交っています。が、少し考えれば分かること。ただ祈っているだけでは、運も幸せもやってはこないのです。

運は〝人〟に連れられてやってくるし、幸せも人が運んでくるものです。つまり、**運も幸せも、行動の先にしかない**んです。何もせず、座して祈るだけでは、何も生まれないし、何も変わることはありません。

78

**実践に移さなければ、その本は読んでないのと同じ。**

中山語録

本を読み、気になったページに付箋をつけ、マーカーを至る所に引き……。読み終えるとパタリと閉じ、そのまんまという人、実に多いです。

だったら付箋、意味ないし、マーカー、無駄でしょ？

肝心なのは、**気になった場所を自分なりに咀嚼・カスタマイズして、ビジネスに反映させること。**それができなければ本を読んだ意味はなくなります。

以前、私は付箋をつけたり、マーカーで線を引いたりした場所を、そのままワードなどの文章ソフトに書き写し、何度も読み返し、「どうすれば自分の仕事に反映させることができるか？」といつも、カスタマイズの方法について考え続けていました。

おかげで、多くのアイディアとか示唆を本からいただき、成功に繋げたこともあります。

また私が読んでいたのは、決してビジネス書ではありません。どちらかといえば、小説が圧倒的です。特にビジネスを経験した人の書いた小説には、宝物のようなヒントが溢れています。

ぜひ読んでみてください。

79

# 自分の人生は自分でカスタマイズせよ。

中山語録

どこかの偉い人の生き方をいくら真似しようたって、それはその人独自の人生。どんなに似ていても、同じような仕事をしていても……、所詮は別の人間であり、個体です。そのまま、真似するなんて絶対にできません。

だから、その人の持ち味の一部を受けとって、それを自分なりにアレンジする。そこが大事です。

このことを、カスタマイズといいます。

誰の人生も、どんな仕事も……誰かのやったことをカスタマイズするところからスタートしているんです。

カスタマイズの上手な人は、自分の仕事に関しても熟知しています。流れ作業や、条件反射で仕事をしている人には、カスタマイズ能力は付きません。**自分の仕事に関していつも真摯に、分析的に考えているからこそ、〝自分の仕事に当てはめて考えたらどうなるのだろう？〟という発想が浮かぶんです。**

そのカスタマイズ発想を持たず、そのままパクることをしようとすると、「業種が違うから自分には当てはまらない！」とか、「時代が違うから関係ない！」という考えに陥ってしまう。

カスタマイズは、柔軟な頭からしか生まれないんです。

80

# この週末に酒販店を見に行ってないやつは、この会議室から出ていけ！

『おざわせんせい』博報堂「おざわせんせい」編集委員会 著 集英社インターナショナル

担当しているクライアントのライバル会社が発泡酒を発売し、対抗策を練るためのオールスタッフミーティングの席で、元博報堂の小沢正光さんが言った言葉です。

今、売り場＝市場がどうなっているか？　ライバルが何をやっているのか？　それに関心のない者がプロジェクトのメンバーに入れる訳がない、ということ。

ＭＤ＝マーケットデザインとは、マーケットを知るところから始まる。それが小沢さんの考えだったのでしょう。結局、消費財は売り場でのたたき合い、奪い合い。だとしたら売り場を見て、そこでの戦い方を考える。言ってみればお客さんの気持ちになる。それが全ての始まりだと思うんです。

私もよく思うんですが、何が強いって、お客さんを知っている人や会社ほど強い者はない。だってお客さんが欲しいものを知っていれば、それを提供すればよいだけだからです。

**答えは現場にあるし、答えはお客さんが知っている。**お客さんは現場で判断するんですよ。そういうことだと思うんです。

81

# じゃあ、今そこでＮＡＳＡに電話して。

『おざわせんせい』博報堂「おざわせんせい」編集委員会 著 集英社インターナショナル

博報堂時代、小沢正光さんからの「ＮＡＳＡの映像を使いたい」という指示に、「映像会社によると難しいらしいです」と答えた部下へのひと言。「……らしいです」「……のようです」というのは答えではない。欲しいのは確定した情報。

本当に最後の最後まで、奥の奥まで確認して、その上での返事でないと意味がないのです。

小沢さんの言葉には、他にも「世界中、探したのか？」という博報堂の社員なら知らない者はいないといわれる有名な言葉がありますが、これも同様。

**努力というのは、究極までやってはじめて「やった」といえる。**そんな意味なのだと思います。

あなたはそんな努力、していますか？

できているでしょうか？

**82**

**勉強すれば株でもうけられると信じて、投資家はあれこれと理由をつけたがるけど、でた結果は絶対に予想不可能だったはずだ。この世はすべてあとづけの理屈に満ちてる。**

『千里眼の復讐―クラシックシリーズ４』松岡圭祐 著　角川文庫

大ヒットした商品があるとして、メーカーのマーケティング担当者とかが、したり顔で「あれはこうでこうでそうなって……」とまるで思った通りに展開したかのように、偉そうに語る場面がありますが、あれ、ほぼ嘘です。嘘というのが言いすぎならば、「後付け」と言っておきましょう。

市場は複雑です。何が起こるかなんて絶対に分かりません。一秒一秒、変化し変動しているのが市場です。正確になんて掴めるはずもない。

だからこそ、**できるだけその変化する市場に迫るべく、できる努力を全てやる。**

それが実はマーケティングなんです。

その精度を高めることこそが、努力というものなんですね。

83

**始まりがあり
終わりがあり
お客さまとの約束を果たすもの
それがプロジェクトだ！**

『セクシープロジェクトで差をつけろ！』　トム・ピーターズ　著　ＣＣＣメディアハウス

プロジェクトの定義。これ、まさに名言だと思います。これをそのまま、自分との約束と考えてください。

明確な理由を持ってスタートしたか？　キチンとした終わり、けじめはあるか？　クライアントとの約束を、完璧に果たせたか？

この問いは、自分自身にこそ向けられるべきものでしょう。実に素晴らしい示唆だと思います。自分との約束すら守れない人が、他人との約束など守れるはずがない。私はそう思っています。

当然ですが、約束を果たすためには、思うだけではダメ。**約束を履行するには、知識、行動力、自身を律するチカラなど、総合力が求められます。**そしてここが最も重要なところですが、約束というのは一度破るとなかなかに挽回できない。「あの人はイザという時、頼りになりそうにもない！」というイメージが定着してしまうからです。

先ずは締め切りにこだわること。それを遂行するチカラをつけるところから始めてみませんか？

84

「やれるだけはやりますけど……」
「やれなくてもやれ。仕事だから」

『葬儀屋は弔わない』森晶麿 著　河出書房新社

やれるだけはやる。できる限り頑張る。

今時の若者は自分で努力の上限を決めてしまうようです。

ですがそれを認めてしまうと、どこまで行っても本気の努力を知らないままで終わって
しまいます。時には、多少は理不尽でもよいから「何が何でもやる！　やるべきだからやる」

というスパルタもありだと思います。

そんな時はこの言葉。

理由や理屈など要らない。

ただやる。

**納得いこうがいくまいが仕事だからやる。**

そんな場面があってもよいと思うんですよ。

85

**企画力とは〝企画を実行する力〟、言い換えれば、〝組織を動かす力〟のことです。**

『100円のコーラを1000円で売る方法2』永井孝尚 著 KADOKAWA/中経出版

企画、いえ、何についてもいえることですが、テクニックとか裏技ばかりを学ぼうとする人がいます。要は横着、つまり手抜きです。

で、なぜそのテクニックや裏技、ショートカットを学ぶだけではダメなのか？　というと答えは簡単。実行が伴わないからです。

どんな素晴らしいアイディアも、どんな秀でた企画も、全て「やってナンボ！」「成果が出てナンボ！」です。やらない限り、なかったのと同じなんです。

そして多くの場合、その「やること」の時点で結構躓きます。邪魔が入ったり、思わぬ、しかも身内のアクシデントが起こったりします。

上手にやれる人は必ず味方を作ります。実現、実践できる環境を確保してから動きます。それが一番の早道だからです。

**企画は、内容そのものの出来よりも、動かす環境が大事です。**どんなに素晴らしい企画でも、上手に動かなければ絶対に成果には繋がらない。

そこを覚えておいてほしいのです。

**86**

# ざっくりとしたストーリーをつくったら、間違ってもいいからどんどん仮説を立てて実行する。

『100円のコーラを1000円で売る方法2』永井孝尚 著　KADOKAWA／中経出版

今はインターネットの時代です。誰でもが自分や自分の作ったものを人に見せることができる時代です。しかも気軽に気楽にです。

だとしたらその誰かがあなたのために作ってくれた環境とインフラを生かさない手はないですよね。インターネットを使ってどんどん人に見てもらい、使ってもらって、どんどん修正していけばいいんです。

アメリカのシリコンバレーではこれは当たり前です。インターネットはテストの場。完成形は徐々に作っていけばよい、と割り切っています。そもそも、どこが完成形で理想の形か？　なんて誰も分からない。完璧を追うからおかしくなるんです。

**日々是実験。**

そんなつもりでやってみてはいかがでしょうか？　肩の力が抜けて、成果が出やすくなりますよ。

87

# ビジネスにアイコンタクトなどない。

ビジネスにアイコンタクトなどあり得ません。

あらゆるビジネスにとって、お客さんの反応だけが評価であり、価値です。よいモノを作ったから認めてほしい。うまいものを出してるから注文してほしい。

そんなことで、誰が気づいてくれるでしょうか？　あり得ません。

言葉にして発する。書いて伝える。そして、見せ、体験してもらう。それができなければ、絶対にお客さんは気づかないいんです。

ビジネスにアイコンタクトなど決してない。それを分かってください。

私の大好きな言葉に、「言わないことは聞こえない！」というのがあります。まさにその通り。言ったつもり、伝えたつもり、分かってくれてたつもり。世の中にはつもりつもりが蔓延しています。が、もちろんそれではダメです。

必要なことは**キチンと、しっかりと伝える。言うべきことはちゃんと言う。**

それだけがズレを防ぐ唯一の方法です。

アイコンタクトなどに頼ってはいけないのです。

88

# 動かないエビの話

オリソン・スウェット・マーデン博士の言葉

潮高い岩場に、一匹のエビが取り残されている。

海に戻れ！　という本能のささやきもなく、そうする気力もなく、ただじっと待っている。海が戻ってきてくれるのを。


もし、戻ってこなければ……？

エビはじっとそこにいるだけだ。

そしていずれ死んでしまう。

もしかしたら、ほんのちょっとがんばれば、海辺までたどりつけるかもしれないのに。

波は１メートル足らずのところまで来ているかもしれないのに。


あちらを見てもこちらを見ても、世の中にはそんなエビのような人がいっぱいいる。

「決められない」「始められない」と岩場に取り残されている人たちが。

**がんばってみる代わりに、思わぬ幸運の大波が押し寄せてきて、連れ戻してくれたらいいのに、とただじっと待っている**のだ。

# おわりに

人が物事を考えるのには言葉を使います。
誰かに何かを伝えたい時、言葉を使います。
人を動かすのは言葉です。

そう、言葉がなければ人間関係は成り立ちません。
特にビジネスの世界は言葉が重要です。
言葉がなければ何も始まらないし、何も進まないし、何も終わりません。
ハッキリ言います。
ビジネスの世界にアイコンタクトなんてないんです。
言葉が支配するのがビジネスの世界です。

強い言葉、人に影響を与える言葉を駆使できる人が強いんです。
そんな観点から、あなたに88の言葉を用意しました。
バリエーションに富んだ88の言葉です。
自らを動かすエンジンオイルとして使っていただくのもよいでしょう。
誰かを動かす、推進の風として使うのもよいでしょう。
とにかく……、
駆使してください、惜しまずに使ってください。
あなたの日々が……
突然動き出します。

春が嬉しい、暖かい日差しの朝に……。

著者

# 索 引

## 中山マコト

ビジネス作家兼フリーランス成功実現アドバイザー。

言葉のチカラ研究者兼コピープランナー。

言葉のチカラを駆使し、ライティングサポート、集客サポート、販売力増強サポートなどを次々と手がける。

2001年の独立起業以来、550人以上の起業を支援。中小企業、個人事業主の〝独自化ブランディング〟に絶大な手腕を発揮し、言葉の力を駆使した集客の仕組み作りに定評がある。

著書に
『「バカ売れ」キャッチコピーが面白いほど書ける本』（カドカワ中経出版）
『「バカウケ」キャッチフレーズで、仕事が10倍うまくいく』（学習研究社）
『フリーで働くと決めたら読む本』（日本経済新聞出版社）
『マイスタイル起業』（パブラボ）
『「バカ売れ」POPが面白いほど書ける本』（カドカワ中経出版）
『そのまま使える『爆売れ』コピーの全技術』（かんき出版）
『飲み屋の神様』（ヒカルランド）
『9時を過ぎたらタクシーで帰ろう。』（きずな出版）
『遠ざけの法則』（プレジデント）など、42冊を数える。



**自己啓発本を探しているあなたへ**
**一瞬で心に火を点ける88のマジックフレーズ**

平成31年4月11日　第1刷発行

著　者　中山マコト
発行者　下井謙政
発行所　株式会社コミニケ出版
〒530-0043
大阪府大阪市北区天満4丁目1-2 コミニケ出版ビル
電話　06-6882-4311　FAX　06-6882-4312
ホームページ　http://www.kominike-pub.co.jp

印刷・製本　シナノ印刷株式会社



©Makoto Nakayama 2019 Printed in Japan


ISBN978-4-903841-16-8



本書の無断複製（コピー、スキャン、デジタル化等）は、私的利用等の著作権上の例外を除き禁じられています。また代行業者等の第三者に依頼し、コピー、スキャン、デジタル化することは、一切認められておりません（個人・家庭内の利用も含む）。落丁・乱丁本はお取り替えいたします。